悦读好故事系列丛书

变脸

BIAN LIAN

吴永胜◎著

安徽师范大学出版社
·芜湖·

图书在版编目(CIP)数据

变脸 / 吴永胜著. — 芜湖：安徽师范大学出版社，2017.3
(悦读好故事)
ISBN 978-7-5676-2731-4

Ⅰ.①变… Ⅱ.①吴… Ⅲ.①故事－作品集－中国－当代 Ⅳ.①I247.81

中国版本图书馆CIP数据核字(2016)第323232号

变脸 吴永胜◎著

责任编辑：孔立清
装帧设计：任 彤
出版发行：安徽师范大学出版社
芜湖市九华南路189号安徽师范大学花津校区
网 址：http://www.ahnupress.com/
发 行 部：0553-3883578 5910327 5910310(传真)
印 刷：浙江新华数码印务有限公司
版 次：2017年3月第1版
2017年3月第1次印刷
规 格：700 mm×1000 mm 1/16
印 张：13
字 数：180千
书 号：ISBN 978-7-5676-2731-4
定 价：35.00元

目　录

第一辑　招蜂引蝶

第二辑　午夜兰花

第三辑　虎口脱险

第一辑

招蜂引蝶

第一辑

变 脸

川剧表演艺术里，有一门特殊的表演技巧，叫变脸。一般剧种里，角色出场时，都画着脸谱，比如关羽的大红脸、曹操的三花脸。脸谱固然描得好看，可那是死“妆”，剧中角色有啥喜怒哀乐，只能通过“唱”“念”“做”“打”表达。能变脸就不同了，通过“抹脸”“吹脸”“扯脸”等一系列手法，刹那间变出不同色彩、不同图案，表现剧中人物情绪的突然变化，或惊恐，或绝望，或愤怒，再搭配上精彩的“唱”“念”“做”“打”，往往将观众的情绪引到高潮，赚得个满堂彩。光绪年间，洪城梨园班子“王家班”名声响彻全川，被誉为“变脸王”的王复仲，便是该班班主。

且说这一年，变脸王带着一班人来到万县，在靠码头的天上宫住下来，然后挂出牌去，第一天要演“空城计”，由自己饰演诸葛亮。牌挂不到半个时辰，所有的票都销售一空了。开门红原本是班子的喜事，可变脸王却一点也不开心。为啥呀？因为一千三百张门票竟被一个人给买了！这人是什么来头，到底是来挑场子找茬的，还是另有所图？仔细一回想，自己跟码头上的舵爷、袍哥早已递了帖子，备了厚礼，各方面关节也一一打点了，并无什么纰漏啊。不等想出个头绪，开戏的时辰已到，王复仲便向乐师们一示意，开场的锣钹便咚咚呛呛敲起来了。变脸王走到大幕处，揭开一道缝往外张望，心里不由得有些七上八下、叮叮咚咚敲起了小鼓。但见偌大的场子里只前排坐着几个人,居中那人容貌女人样俊秀,头戴黑绒小帽,顶上散发熠熠绿光,分明镶着颗绿宝石,黑绸缎面袍子,外罩金线镶边马褂,正徐徐摇晃着手中折扇,一双眼半睁半闭。左首作陪的,却是万县道台叶荣祖。这人难道是王亲贵胄?竟令叶道台也恭恭敬敬。一面想着,一面关照手下人:“今天这场戏,大家可得打起十二分精神!”

“空城计”里的诸葛亮,几乎不画脸谱,全以素脸出现。变脸王走场出去,一番漂亮的撩袍踢脚后,便中气十足唱开了。一边唱一边向那人打量,奇怪啊,一帮人全都看得很投入,唯有这人微仰在座椅上,那眼睛半睁半闭,眼光却几乎全朝向头上棚顶。剧情发展到琴童来报告司马懿大兵退去时,变脸王要使出自己的绝活儿了,得运用气功,使脸色由红变白,再由白转青,表现诸葛亮如释重负心有余悸的后怕。当琴童一声“相爷”刚出声,那人腰一伸,坐起来了,一双眼瞪得老大,定定地看着变脸王。变脸王心里咯噔一下,这人原来是冲这来的!心里想着,动作并不怠慢,随一声“司马呀司马……”的念白,丹田之气往上一冲,但见得波澜不兴的脸色,突然像抹上胭脂,浮起淡淡的潮红,念到“呀”字时,潮红一闪而没,脸上是窗纸一样的苍白色,待念到最后一个“马”字时,脸色却又变成了青色了!哗!下面众人一齐鼓掌喝起了彩,那人眼里一道亮光闪过,立刻像早先那般半闭了眼睛,跟着站了起来,转身便向外走了。那一班喝彩鼓掌的人,赶紧一齐收了声,跟在那人后面走了。片刻后,场中走了个一人不剩!

变脸王心里那个气那个急啊!气的是自己表演绝无差池,竟换来了看客中途离座,扬长而去!自己到底也是名角,如此一来,颜面何存?急的是这消息片刻后便会在码头传开,再由人以讹传讹,自己的名头在万县地界八成是砸了。又气又急中,不觉又回想到那人的样子。一个念头突然闪了出来,那人莫非只是冲变脸来的?看那人表情,只在自己运功变脸时有了变覆去看了，却不认识。温知节道："在翰林院时，我协同太医院张太医修编《药典》，看到过这花图案。当时也觉这花普通平淡，却惊于它的名字。它叫'散魂花'！""散魂花？""张太医说，这花虽叫'散魂花'，其实却当不得这名字。倒是它结的果实，粗只豆大，色泽嫩白，内藏毒汁，叫'散魂果'。一旦入腹，便融入血液，中者脑生幻象，无不心醉神驰含笑而殁，却又无症无状，查无可查。"冯子鉴恍然大悟，"'鬼夺魂'案的死者，原来都因此殁命？可是，大人这花从何而来？"温知节叹息一声道："就来自那潘王氏院中。"冯子鉴一下目瞪口呆了。

温知节心里有了眉目，但知道潘王氏既受皇上旌表，断不能贸然进行盘诘，便决定以搜集事迹为名，第二日再往蟠龙村。

第二日，温知节带着冯子鉴来到蟠龙村，让冯子鉴找个理由牵扯住潘世书，自己独自进了潘家院中院。却见正屋门开，竹帘高卷，那瘦弱丫环不见了踪影，只有一面色青白的枯瘦妇人端坐在门内。见温知节进了院，那妇人用嘶哑的声音苦笑着说道："昨日见知县大人采了那'散魂花'，我就知道你会来的，大人果然来了。"

一听这话，温知节就明白，潘王氏知道自己的来意，便也不兜圈子，单刀直入问道："你这是为何？"

"为何？"潘王氏猛地睁大眼，眼里现出令人恐怖的寒意，扬起瘦若枯柴的手臂，向四周一划拉，厉声说道："我十四岁进了潘家，还没来得及进洞房，男人就一命呜呼。潘家人便筑下这院，将我锁在这里。我想死，却有悍妇日夜监视。我想逃，还到不了院门便被棍棒逼回。一关我就是三十年，呵呵！呵呵！只为替他们挣一座光耀门楣的贞节牌坊！贞节牌坊！贞节牌坊！坊下有几个女子，没有痛断肝肠？！"说着，张开干瘪的嘴唇，发出令人不寒而栗的惨笑。

"可是，那些姑娘们何辜，你要害她们性命？"

“因为我不想让她们都像我一样,成为行尸走肉!”潘王氏止住惨笑,脸上现出慈爱的光芒,似乎那些年轻的姑娘们又聚在了她面前,眼里也焕发出迷醉的神色:“我给她们的东西多好啊。花是用我泪浇,它叫‘来生花’。果是用我血喂,它叫‘后世果’。这一世无望了,我就叫她们别耽搁,赶紧去奔来生后世,赶紧去奔来生后世吧,多好啊,多好啊!可笑那些道学君子,还指望我教导他们的闺阁呢,哈哈……”潘王氏的声音渐渐低了,眼里的光芒渐渐淡了,最后含着笑,勾下了头颅。

本是艳阳高照风热日燥的夏天,可温知节只觉寒意从脚底直贯及顶,早先淌下的热汗,似乎都凝成了薄冰。他慢慢退出院子,正好潘世书赶了回来,见了院里情景,红得像公鸡冠子的脸,一下子惨白,蠕动着乌紫的嘴唇,好一阵说不出话。温知节沉思了一会,无奈地说道:“贵弟妇疾发猝死,本县深感遗憾。牌坊按原定计划建吧。”潘世书嚅嚅着,问:“那……那事迹呢?”

温知节只觉头大如斗,摆了摆手,有些不耐烦了:“你看着办吧。”

过了些时日,刚好立秋,潘世书送来了一大本册子,说全是潘王氏矢志不渝守节的事迹,留给温知节裁定。等他一走,温知节将册子猛地摔在地上,恼怒地叫道:“这些事迹,不全跟历朝贞节妇们一样,有哪件是潘王氏的?”

冯子鉴无言拾起册子,掸去尘灰,又放到书案上,并从袖里拿出份文告,放到温知节面前。那是本朝太皇太后下的懿旨,着各地地方官,在九月重阳之前,将辖内节妇们护送到京城。二十一岁就守寡的太皇太后,要在巍巍皇宫中,富丽堂皇的“崇德殿”,与贞妇们赏秋品菊。届时,皇上不但要赐宴,还要御驾亲临,褒奖她们呢。

温知节看完文告,喟然一声长叹,“芸芸众生,有几个能窥见天颜?皇恩如此浩荡,看来,不知又会发生多少宗‘鬼夺魂’了……”

还魂指

旧时的洪城，一共有东、西、南、北、中五家澡堂子，最有名气的便是城西“德胜楼”。说来这“德胜楼”场子小、澡池窄，算是几家里规模最小的，可人却最爱去那里，哪怕候上一两个时辰。为啥？因为“德胜楼”有个搓澡工，叫侯七。这洗澡的人啊，大多是冲侯七去的。

一般澡堂子里，都有搓澡工，说是搓澡，其实是按摩。这侯七五十出头，黑皮糙脸，高只五尺，怎么看怎么不起眼，可他按摩的本事，那可叫得一个绝字。汉子们在滚烫的水里泡了，一身皮肤泛红淌汗，热气腾腾，往池边窄床上一躺，侯七不急不慌过来，呼啦声抖开条布帛，从头到脚将人覆住。然后运指如飞，先在头皮上一阵疾风骤雨般叩击，再顺着后颈，沿着脊梁骨，骈指一路疾疾戳下，一直戳到脚底，吧嗒往脚心一巴掌，完事了。前前后后，不过半炷香时间，那被按摩的人，骨松筋酥，百骸通泰，像做神仙般舒坦。

有一年，城里“柳记药坊”柳掌柜的老娘去世了，在家设了灵堂祭奠。侯七前去吊唁，到了柳家，柳老太还没入殓，就放在屋中一块楠木门板上。侯七过去行礼，却出“噫”了一声，竟围着门板踱开了步，一双眼滴溜溜只盯着脸上敷了黄纸的柳老太看。一圈踱完了，向正莫明其妙的柳掌柜道：“柳掌柜,这是咋回事,老太太没死嘛。”一听这话,柳掌柜先是一愣,跟着就有些上火了,自己做了多年郎中,难道还不能判断人死没有？强忍着气责怪道:“你开什么玩笑?”侯七正色道:“人命关天的大事,侯某人怎敢戏言？活人死人,气息不同。刚才我仔细嗅了,老太太身上散发的气息,分明是活人的!”柳掌柜没好气了。“我母亲昨夜子时去世,到现在已经十来个时辰,怎会还有活人气息?”

侯七也不回答,只说一声:“得罪了!”柳掌柜还没来得及阻拦,侯七竟“啪”地在柳老太头顶拍了一巴掌,然后骈指在咽喉处猛地一戳。所有人都大吃一惊,柳掌柜更差不多就要破口大骂了。就在这时,只见柳老太颈上突起小半个鸡蛋大小的包来,蠕动了几下,就慢慢滑进肚子里。肚子里立刻响起一阵咕咕嘟嘟声,仿佛里面盛了锅刚煮沸的水。咕嘟声还没过,柳老太脸皮抽搐几下,竟然慢慢睁开了眼睛,有气无力地问:“我在哪里?”

柳掌柜目瞪口呆。好一阵儿才回过神来,不由又羞又愧,竟跪了下来,恭恭敬敬向侯七行大礼:“若不是侯兄神仙手法,着手成春,我这蹩足郎中差点就大不孝了。”侯七笑道:“俗话说‘人活一口气,树活一张皮’,气若受阻,必呈死状,不但脉象全无,身体也会僵硬,柳掌柜作出已死的判断,原也正常。我多年按摩经历,琢磨出了些道道,所以点开受阻的气脉,让老太太能气血通畅,也算不得什么。”

打这件事之后,侯七名声更响了,人都称他为“还魂指”。洪城上下,很多人死了,家属都会来找侯七。侯七却极少出手,但只要出手,便一定能让死人复活。

这年秋天的一个晚上,侯七从澡堂子里忙乎一天,回到家里,就着一碟蚕豆,有滋有味地品着刚烫好的黄酒,突然一阵急促的叩门声。开门一看,门外立着的竟是洪城知县衙门的汪师爷,不觉有些诧异:“汪师爷深夜登门,不知为了何事?”汪师爷也不答话,示意跟在身后的几个人在门外守着,然后说了声:“屋里说话。”便径直进了里屋。

侯七满腹狐疑,回屋刚坐下,汪师爷从身后取出一只包袱,往桌上一放,道:“清风君子,别来无恙?”一听师爷叫出“清风君子”四个字,侯七打了个寒噤。原来侯七年轻时,做过独行盗,每次做案都会留下“清风君子”四个字,官府多次悬赏捉拿他都没能得手。三十出头后,幡然悔悟,隐姓埋名来到洪城。一晃眼二十多年过去了,这段经历自己都快忘记了,今天竟被汪师爷叫破,怎不又惊又惧?嘴里勉强笑道:“汪师爷这话是什么意思,可把侯某弄糊涂了。”汪师爷冷冷一笑,道:“‘明人不用指点,响鼓不用重锤。’你也别装糊涂了。府台大人早已查出你的身份,可你一直却安然无恙,知道是什么原因么?”见侯七摇头表示不知,又道:“府台大人见你早已洗心革面,加之你以前所盗之人,大多为富不仁,所以便将这事压了下来。”话锋一转,问道:“陈安生可是常到澡堂子里?”那陈安生是府衙的听差,二十出头,生得相貌堂堂,隔三岔五总要到澡堂子里来。等侯七回了话,汪师爷道:“你既然能骈指还魂,想必也能骈指离魂吧?”

侯七身子一震:“师爷要我取陈安生性命?”

汪师爷将包袱往侯七面前一推,道:“这包袱里有五百两银子,算来你也快六十的人了,既无妻室,也无家小,好像也没攒下什么家底吧?这些银子,留作养老之用吧。”

侯七脸露难色,沉吟了好一阵儿,才低声问道:“还请师爷明示,为何要取陈安生性命。”

汪师爷脸色一沉,冷声道:“知县大人为官清正,怎会草菅人命?要你来动手,自然有迫不得已的理由,你不会托辞说害怕吧?当年好像你也伤过数人呢。你好好掂量掂量吧。”说完一拂袍襟,起身便走。快出门时,又回头道:“这事天知地知,你知我知,若有差池,恐怕……”鼻孔里重重哼了两声,扬长而去。

颜知县为官清正，颇有政声，是有口皆碑的好官。可是，为何要取陈安生性命，却让侯七怎么也想不通。这晚，侯七几乎一夜没合眼。

隔不两天，陈安生果然来到“德胜楼”澡堂子。但和以往意气风发的样子完全不同，面容憔悴，神色黯然，无精打采地跳进池里，马马虎虎洗了个澡，也不喊侯七帮忙按摩，起来拿起衣服就要穿上走人。侯七走过去，左手轻轻在陈安生肩上一拍，颇为关切地道：“年轻人，咋像霜打的茄子样？精神点嘛！”陈安生敷衍地笑了笑，穿好衣服就走了。

第二天一大早，陈家响起一阵哭嚎声，有消息说，陈安生昨夜暴病身亡了……

中午时分，汪师爷带了乘小轿急急忙忙来到“德胜楼”，掀开澡堂子外挂的厚棉褥子，拉住侯七就往门外走。侯七还没来得及问个究竟，便被塞进轿里，往颜知县家抬去。进了颜知县家，只见颜知县阴沉着脸，似乎满腹心事，正焦虑地在院子里踱来踱去。见侯七从轿里出来，颜知县上前来竟向侯七长长一揖：“有劳了。”

侯七诧异不已。颜知县尴尬地苦笑了一下，向汪师爷示了个意。汪师爷三句并着两句，告诉侯七说，颜知县的独生女儿颜玉如中午时突然发了疾症，一口气上不来，竟然死了，想让侯七施展还魂绝技，让颜玉如死而复生。说完也不管侯七答应不答应，便往后堂让。

后堂里，夫人和几个丫头都哭得跟泪人一样，那死去的颜玉如就躺在床榻上。颜知县挥手让丫头们都退下了，才让侯七走到床榻前。侯七过去一探，年轻貌美的颜玉如僵硬地躺着，果然气息全无。再仔细一看，却见颈上虽然围着条围脖，但隐隐约约可见雪白的肌肤上有道暗红的淤伤。侯七假装不知，皱眉稍作沉吟，突然骈指往颜玉如喉间轻轻一点，片刻功夫，颜玉如身子微微一侧，跟着嘴里呜咽两声，眼角滚出一串晶莹的泪珠。

见颜玉如活过来了，颜知县脸色和缓了些，做了个送客手势。汪师爷将侯七让到客厅，捧上一封银子，道："一点意思。"侯七张了张嘴，一副欲言又止的样子，汪师爷问他，他却只是叹息一声，收下银子便走了。

没想到第二天上半晌，汪师爷又急急慌慌地来到了"德胜楼"，却不见侯七踪影，忙拉过老板打听，老板道："我也正奇怪呢，以往这时候他早来了。"汪师爷暗叫一声不好，急忙到侯七家，但见屋门微掩，推门进去一看，屋里没人，只墙壁上写了二十四个字："小姐自缢，气喉已断。苟延残喘，明日必死。回天乏术，不如遁矣！"汪师爷大吃一惊，立刻派人将城里找了个遍，也不见侯七踪影，只好来到"柳记药坊"，请柳掌柜出诊。

汪师爷来请，柳掌柜哪敢怠慢，立刻赶了过去，将颜玉如诊了，摇头道："小姐气喉断了，在下实在无力回天啊。"颜知县呆立好久，流两行清泪，长叹一声道："罢了，死了倒干净……"

隔了两年，颜知县得罪了朝中权贵，被参了一本，被黜为贫民。颜知县收拾一番，租了条船，顺着涪江下行，回万县老家。到合川时，天已黑下来，便吩咐泊下船，停留一晚。用过晚饭从船舱里出来，但见月色分明，江波浩荡，临江而筑的钓鱼城，巍然屹立，不觉心里生出个念头，想要进城一游，到这曾经顽强抗击三十余年的地方转转，便叫上师爷，挑了灯笼，下船进城。

离城还有一段路，城里出来两个人，挑着灯笼，径直朝江岸而来。就要交臂而过时，其中一个人突然跪下道："父亲大人，别来无恙？"

颜知县和汪师爷都愣了。这不正是颜玉如的声音么？不由惊惧地问道："你是人是鬼？"

颜玉如苦笑一声，道："女儿是人，不过差点成鬼。"

颜知县将手中灯笼挑近了些，仔细一照，果然是颜玉如。再看身边那人，颜知县手中灯笼一下子跌落到地上，人差点就晕倒过去，那人分明是死了的陈安生！

原来，三年前颜知县派人到万县接颜玉如，其中就有听差陈安生。一路上虽然相处的时间不长，两人却有相见恨晚之感，彼此生出爱慕之心。这事让颜知县知道了，气得不行。劝告颜玉如，说那陈安生不过是个小小听差，但颜玉如铁了心不改主意，没奈何颜知县便采纳汪师爷的主意，找侯七出手，取陈安生性命，好让颜玉如断了念头。可颜玉如听说陈安生死讯，当即悬梁自缢。那侯七施展的"离魂"手法，不过是将陈安生暂时闭气，呈假死状态，用以敷衍颜知县，当夜便从坟墓中救出陈安生，将事情问了个明明白白。正琢磨怎么成全两人时，恰好汪师爷来请，看到颜玉如颈上淤伤，心知死于自缢，便顺水推舟救活了颜玉如，却同时施展了能令她隔日假死的手法。

听了两人死而复活的原委，颜知县又羞又愧，惨笑一声道："为父一意孤行，既想为了你幸福，也想不丢面子，才做出糊涂决定。有道是天理循环，报应不爽。而今贬作一介布衣，倒也门当户对了。"再问那侯七时，颜玉如却说，侯七将她二人从墓里扒出后，给了他们五百两银子，便不知所踪了……

芸草悲情

县城北有个文家岩村，村里有个叫文子章的读书人，远祖曾经做过大官，家里的藏书，可谓汗牛充栋。文子章特别喜欢读书，行也好，坐也好，甚至如厕时，也捧着书本高吟低诵，家里几万册藏书，读了个六七成。可从三岁启蒙，到现在十七八年过去了，他却连个秀才的功名也没捞到。

这一晚文子章又捧着本书，摇头晃脑正读着，一股倦意袭来，连打了几个哈欠，睡眼朦胧之时，突觉眼前一亮，屋里已多了两个绝色佳人，一个着绿衣，一个着黄衣。黄衣女子将文子章作的文章随手一翻，赶紧抬手掩住了鼻子，一迭连声道："狗屁文章，臭不可闻。似这等好读书却不求甚解，还不如去作渔樵耕牧。"说完猛一拂衣袖，但见灯花一闪，瞬息间不见了踪影。绿衣女子轻叹一声，"姐姐就这脾气。"话音刚落，也不见了踪影。

文子章猛然惊觉，才知不过是南柯一梦。想想那黄衣女子的话，觉得又羞又愧。他也知道，自己虽读了许多书，可从没人把他当读书人看待，背地里都叫他文呆子。可又一想，自己读书并不求功名富贵，求的只是自得其乐，管人家怎么看呢！想到这里，他又捧起书，有滋有味地读起来。这时，从书页里轻飘飘掉下样东西，拾起来一看，原来是株颜色青翠的绒草。文子章知道，这绒草书名叫芸草，是夹在书页里专门防蛀虫的，便又把芸草重新放回书页里。

隔几天是清明节，文子章早晨起来，按例读了一个时辰书，然后背上猪腚肉、火酒、烧纸，手捧这几天读的那本书，往村后的花果山上去了。他这是去给死去的父母上坟的。

花果山不高，却很陡峭，走不多一会儿，便累得上气不接下气。他累了便坐下来读几页书，待气调匀了，又往山上爬。这样停停走走到了坟地，祭祀完毕，看看头顶暖阳高照，脚下绿草茵茵，干脆躺下来又读了会儿书，打了个盹，这才收拾着往山下走。没走多远，听到身后一声吆喝："公子，请等等。"

回头一看，只见个着绿衣的美丽女子，气吁吁直奔自己而来。文子章大感诧异，这女子看上去面熟得很，似曾见过啊。才想着，那女子盈盈一笑道："公子，我是山后蟠龙村的，想到文家岩子走亲戚，这荒山野岭不见人影，不知能否结个伴？"

文子章倒是个热心肠人，当即答应下来。正要走时，文子章突然地打了个哆嗦，低吼一声："姑娘，慢着！"

绿衣女子一惊，却看到文子章大汗淋漓，双手箕张，挡在她前面，嘴里喃喃道："姑娘快走，我来抵挡。"顺着文子章的目光往前一看，差点笑出声来。原来前面草丛里有一只灰色的野兔正蹲着身子，滚动着红眼珠儿，好奇地看着他俩。

文子章见绿衣女子并无动静，焦急地催促开了："姑娘快走哇，这怪物不知是什么来头。小生虽然与姑娘只是萍水相逢，但古人舍身饲虎的高义，小生羡慕得很，今日也来学上一学。"

绿衣女子再也忍不住，终于"扑哧"一声笑了出来。那野兔被笑声一惊，一溜烟儿跑了。

文子章拭了把冷汗，回身长长一揖，不无钦佩地问道：“姑娘何方高人，竟能一笑逐怪物？”

绿衣女子忍住笑，告诉文子章那是只野兔。哪知文子章引经据典说，《诗经》里有“穹穹白兔”的句子，就是说野兔，明明说是白色的嘛。绿衣女子又好气又好笑，“难怪人家都叫你文呆子！真是一点不假。”

一句话臊得文子章面红耳赤，绿衣女子见状，脸上一红，沉吟一会儿却道：“公子虽然资质差些，但能舍己救人，却难能可贵了。小女子有些小法术，说不定能够帮你。”

文子章又惊又喜，结伴回到家后，绿衣女子道：“人的思维行止，全是七窍操纵。公子读书毫无成就，只因尚有一窍不通，今日便助你打通那一窍吧。”说完扬起青葱样手指，轻轻往文子章额角一凿，文子章便如泥塑木雕般，再也动不得分毫。

绿衣女子抬起手来，将食指放入齿间，用力一咬，指尖立刻淌出草浆一样的绿色汁液，屋里跟着散发出让人神清气爽的青草气息，跟着将手指塞进文子章张圆的嘴里。文子章大惊失色，苦于身不能动，口不能言，完全无法阻止，只觉又黏又稠的汁液，顺着喉咙直往肚里淌。说也奇怪，那看似草浆样的汁液，又冰又滑，说不出的甜香甘美，可一入肚里，却又变得像沸水一般，立刻就煮了起来。文子章难受无比，豆大的汗珠子滴答直淌，没熬一会儿，竟晕了过去。

不知过了多久，才悠悠醒来，抬眼一看，绿衣女子软软瘫在地上，脸色苍白如纸，正有气无力地看着他微笑呢。接着闻到屋子里弥漫着一股浓郁的腐臭。那腐臭简直比熬过的大粪还要臭上十倍。文子章低呼“好臭”，忙把绿衣女子搀扶起来，离开书房，躲到十来丈远的地方，那臭味才淡了些。

绿衣女子疲惫地笑道：“公子也怕这臭么？这可是你肚子里熏出来的呢。”文子章哪里肯信，直到绿衣女子一番解释才明白过来。绿衣女子本是夹在书中的一株芸草,因与书朝夕相处,竟从书上粘到了灵气,不但能变化成人形,而且能用身上的“血液”,给人“脱胎换骨”。见文子章人虽愚钝,但天性纯良,本已有相助之意。今天文子章下山时,不小心将夹在书中的芸草掉在地上,才演出了追他那一幕,因此也看到了文子章敢于舍己救人的一面,所以坚定了要助他的决心。绿衣女子将身体里的“血液”输了大半给文子章,但因为输了大半“血液”,失去了变化的法力,无法再变回芸草的样子了。

明白了前因后果,文子章感激涕零,跪到地上:“多谢芸草仙子。大恩大德,小生如何才能报答啊?”

芸草抿嘴笑道:“那夜你看到的黄衣女子,她才是仙子。可惜她五年才来看我一次。我这点修为,不过刚好能变化成人形,哪里算得上仙?”又说道:“从今往后,你七窍已通,以前读过的书,信手拈来也能融会贯通。再听你吟诵自己文章时,再不如从前钝刀割肉般让我难受了,岂非于你于我都有利,又何来报答一说?”

打那以后,文子章果然如脱胎换骨一般,所作文章,全是字字珠玑、篇篇锦绣。偶尔有传出去的,从前那些一点也瞧不起他的读书人,还以为是抄袭的呢,便约他出来,当面出题考证。不曾想往往是题目才出口,他便立刻滔滔不绝应对上了。反复几次试过,那些个读书人,无不心悦诚服,都鼓擀说,凭他的文采,要取个功名,岂不如探囊取物?文子章先推辞说只是读书陶冶,无意功名,可劝的人一多,心也活了,便回去和芸草商量。芸草眉头一皱道:“公子从前也视功名富贵为身外物,为何如今倒眷恋起来了?”

文子章笑道:“从前我自知胸中无墨,对功名自然没有奢望。可现在我已胸罗锦绣,若能用之治国安邦,岂不是人生一大快事?”

芸草见他振振有词,知他心意已决,叹息一声,就不再阻止了。

得到芸草默许,文子章欣然赴考。果然从县试一直到殿试,全都拔了头筹，被钦点为状元。皇帝爱他才华，留他在了京城，封了个御史的官。上任伊始，文子章原也踌躇满志，想要大展拳脚，可在官场中几年混下来，慢慢变化了。

他家中的藏书有好些孤本绝本，为了跟朝中权贵结交，便投其所好，送上孤本绝本。当然，这一切都是瞒着芸草的。可有天他正将一箱书准备送出时，芸草从内屋走了出来，“公子，这些书你要带到哪里？”文子章便骗她说是带到衙门里，闲着无事读。听他这么说，芸草垂泪了：“你在骗我。近日我收拾书架，发现好些书都不见了。而你近年来，根本就没平心静气读过书。”

文子章里说：“官场如战场，成日里陷在追名逐利、尔虞我诈中，谁还有时间读书？即使这些藏书，权贵们也不过贪图其价值，拿去还不是束之高阁。”嘴里还是坚持着，把芸草搪塞过去。

过了些天，文子章安排了可口的清淡菜肴，说是有大喜事。芸草要问个究竟，文子章却笑着说道：“别急，吃过饭再告诉你。”说着亲自给芸草倒了杯米酒，自己倒了杯陈酿，劝芸草喝下了，这才说道：“皇上钦点我给太子当师傅，你说这是不是喜事？”

芸草道：“能为太子师，当然是喜事了。”

“可是，”文子章却皱眉道：“太子是个白痴，已经七岁了，连自己有几根手指头都数不清。”

芸草一惊，心里有些明白了。缓缓道：“你要我给太子‘脱胎换骨’？”

文子章面露愧色，轻轻点了两下头。

芸草道：“你可知道，那年给你‘脱胎换骨’后，我已输出一半‘血液’，倘若再输出，将灯尽油枯，灰飞烟灭？”

文子章低垂着头，脸色阴晴不定，却并不作答。

蓦地，屋里多出个人来，正是五年前文子章看到过的黄衣女子。指着文子章向芸草道：“还说什么？这背信弃义的家伙，早已打定主意，要取你‘血液'！刚才你喝的酒，他就下过药……"

芸草大惊。那文子章脸色也一白，刚要开口说话，突地蹦离座位，双手捧腹浑身哆嗦，跟着蜷缩成一团，跌倒在地，片刻功夫，两眼暴突，七窍流血，竟死了。

芸草看着死去的文子章，眼泪扑簌簌直往下掉。"都是我害了你。"黄衣女子责怪道："要不是我趁巡游的功夫来找你，凑巧发现他下药，才化了米酒里的毒，往陈酿里施了更厉害的毒，这会儿倒下的就不是他，而是你了。你有什么可自责的?!"

芸草黯然道："若不是我给他'脱胎换骨'，他怎会入了官场？不入官场，他又怎会变得如此快如此坏？"

黄衣女子气得不行，正不知怎么劝慰，芸草突然低头猛撞在黄衣女子腰上，也不知怎么回事，黄衣女子张口结舌，竟动弹不得了。只见芸草缓缓走到文子章身旁，咬破指尖，一滴滴散发着异香的绿色汁液，慢慢滴进文子章沾着污血的嘴里。黄衣女子又惊又怕，厉声阻止："你连自己性命也不要了?!"

芸草苦笑道："我的'血液'，可将文公子救活，仍旧还原成从前模样，还是让他过回从前的生活吧。"

眼见随着绿色汁液滴下，芸草脸色愈来愈苍白，不多一会儿便委顿在地，变成株茎枯叶焦的芸草，随着穿屋而过的风，化成了灰烬。黄衣女子长叹一声，淌着泪道："你太善良，原本不该修炼成人的……"

种蛇复仇

同治十五年惊蛰前几天，县城金华镇来了个满脸生着红色疮点的游方郎中，支着根挂着白布幌子的竹竿，上面写着几个大字："专治各种恶疮。"他走到南门处，就在城墙根下的空地摆了个摊，然后坐下来闭目养神。南门过往行人很多，但晌午都过了，却还不曾接待一个病人，那郎中倒也毫不在意。

下半晌，一个青衣小帽打扮的中年人走到摊前，问道："你果真能治恶疮？"那郎中头也不抬，回手指指布幌，原来大字下面还有排小字："性命担保，包治包好。"中年人嘿嘿一笑，说道："口气挺大啊。那好，你这就跟我治去！"说着就带着郎中，在城里三转两转，竟来到驻防营统领于盛启的宅院大门前。中年人向守门的兵勇招呼一声，便直接带着游方郎中进了内院。

原来，要治恶疮的，正是射洪驻防营统领于盛启。这于盛启原是太平军翼王石达开部下，翼王兵败被围于大渡河畔，于盛启暗中投靠了四川总督骆秉章，将翼王的突围方案传了出去，于是翼王突围不成，反而被擒身死，因此被授了驻防营统领一职，驻守洪城。而那恶疮，却是初入四川攻打叙永府时，被城上守兵用煮沸的人粪泡过的箭射中留下的箭疮。尽管寻遍了蜀中良医，却从来没有治断根过。那疮每年一到开春，柳条抽絮时，便会发作，肌肉溃烂，滴脓淌水，一直要到入秋之后，才会慢慢结痂。现在，恶疮发作已经有好些时日了，听说游方郎中能“专治各种恶疮”，便吩咐手下去叫来试试。

两人进了内院，院里到处种着奇花异草，这时节已开出好些姹紫嫣红的花。院中有张洁莹的汉白玉桌，脸如黄蜡、一身便服的于盛启正坐在那边，拈着下巴上的虾米胡子，眨巴着绿豆样小眼睛，向进来的两人打量。游方郎中还没走近桌边，就皱着眉头直摇头：“好厉害的恶疮！院里这么多奇花异草散发出的气息竟掩不住那疮散出的恶臭。”

于盛启嘿嘿一笑道：“先生果然厉害，居然已经闻出恶臭了。实不相瞒，本统领一介武夫，哪有闲心思侍弄这些花花草草，实在是恶疮作怪，不得不种上些，只望能遮些臭气。你要真能治，本统领绝不亏待你。”说着脱下上衣，露出肩膀，但见肩胛处用布包裹着，解开布便现出拳头大团溃烂的肌肉，呈紫黑色，正往外渗出脓水，并散发出难闻的恶臭。游方郎中将溃烂处仔细看了，说道：“统领大人这不是一般疮吧，如果老夫没有看错，这应该是被箭射中留下的创口，而那箭头在煮沸的人粪里泡过，所以才如此顽固，难以根治。”于盛启说道：“不错。本统领当年冲锋杀敌时，被毒箭射中，留下了这祸根，可有法治？”游方郎中自负地笑笑说道：“别的老朽不敢说，这种恶疮倒还是能治的。”当即打开药箱，从箱里取出各样干草药来，一边搭配一边说道：“可将我所开草药，加酒捣碎，敷在患处。两天一帖，不出一月，必然痊愈！”

等游方郎中配齐草药，于盛启吩咐给游方郎中安排住所，让他在府内暂住。游方郎中也不推辞，便跟下人走了。于盛启又吩咐人去请洪城“百草堂药房”的黄掌柜。不一阵儿工夫，黄掌柜便来了，将游方郎中所开之药仔细验了一遍，不由得赞叹出声：“大人，草药没有问题。说来惭愧，小店虽然号称百草堂，但要治大人的恶疮，最关键的一味龙檀香却无法求得，所以一直只能治标不能治本，除了控制恶疮不至扩散，再无良策，看来这真是大人的福泽，这游方郎中竟有这味草药！”原来于盛启对游方郎中放心不下，所以叫黄掌柜来验证草药有无问题。可于盛启听黄掌柜这么一说,非但没有高兴的意思,脸色反倒凝重起来了。不动声色地送走黄掌柜,又叫人将游方郎中带来。

等游方郎中进了院子,于盛启突然问道:“本统领竟然忘记问先生大名了。先生可是姓胡?”游方郎中一听,突地从箱底抽出把雪亮的匕首,向前猛然冲过来,朝于盛启胸口扎去!于盛启冷笑一声,身子动也不动,眼看匕首已快刺到胸衣上了,他脚尖向前一踢,在游方郎中膝盖上踢了个正着,“扑哧”一声游方郎中便跌倒在地上了。“雕虫小技,也敢来行刺本统领?来人呀,给我捆了!”几个如狼似虎的手下扑了上来,将游方郎中五花大绑。游方郎中也不挣扎,只瞪着眼,怒视着于盛启,骂道:“狗贼!你出卖翼王,不得好死!”

于盛启也不理会游方郎中的叫骂,自顾自得意洋洋地说道:“当年本统领被毒箭射中,幸而未死。石匪曾向我说,天下能治此疮的,唯有李秀成帐下姓胡名子牛的医官。还说胡子牛与他私交甚好,待两军会师时,定叫胡子牛好好替我疗治。李秀成全军覆没,本统领还当你也死了呢,没想到你竟还活着。本统领虽是粗人,但又怎能让你蒙过?你既然能治本统领恶疮,不是胡子牛还是谁?你不过是想借治疗之名,伺机行刺!只可惜,你那点本事在本统领眼里,太不够瞧了。”

游方郎中仰着头哈哈一阵大笑。“狗贼,你不要得意得太早。看你印堂发黑,眉目间死气沉沉,也不会有几日好活。今日胡某人不能手刃你为翼王报仇,就先走一步,在黄泉路上等你!”说着猛地一挣,低头向桌角撞去。于盛启早有防备,伸手在胡子牛肩上一按,便将胡子牛用力向前撞出的身子挡住了。“想死?哪有那么容易?念你献药有功,本统领准你多活一月,待本统领恶疮好断根了,你再死不迟。”说完便命手下将胡子牛收入牢中。

从这天以后,于盛启便每两天换一帖草药敷上,那草药果然有效,十天不到，恶疮边缘已经开始结痂，长出了新肉。照这势头，一个月定能痊愈。于盛启很开心。唯一遗憾的是，那草药敷上之后，恶疮腐肉的气味和草药的气味混在一起，发出更加浓郁的腐臭气味，院子里的花香完全遮掩不住。

这天凌晨时分，一阵毛骨悚然的惨叫声，突然从于盛启的睡房里传了出来。巡逻的兵勇跑过去撞开房门一看，那于盛启全身赤裸，满脸乌紫，青筋暴绽，一边在地板上翻滚，一边凄厉地惨叫。于盛启宠爱的小妾，蜷缩在床头，一个劲地哭叫"蛇、蛇……"，兵勇一看，屋中果然有条从中间断成了两截的蛇，分明是咬了于盛启被发觉时扯断的。十几个兵勇上去一齐努力，却无法阻止于盛启的翻滚。不大一会儿工夫，于盛启的惨叫声便低了，七窍里浸出些污血，一探鼻息，竟已死了。

当即有人通报了沈道台，沈道台不敢怠慢，立刻过来了。那小妾多少恢复了些神智，断断续续说出了个大概，原来两人睡得正酣，于盛启突然惨叫一声，从床上蹦了起来，自肩胛处扯下那条蛇，跟着整个人便跌到地上，翻滚惨叫。沈道台再看那蛇，细若麻绳，两截加上也不过七八寸长，体色斑斓多彩，而蛇头却透明如纸，竟是剧毒的线蛇。这线蛇啮人啮物，只留下一个蚊蚋叮咬过的黑点，而蛇涎中的毒素却足以在片刻工夫毒死十头牛。沈道台大觉诧异，于盛启因为怕人行刺，大院外的围墙足足有三丈高，全是青砖密密实实地砌着，几乎连鸟都飞不进来，而这线蛇也不是洪城地界有的，却是从何处进入的？一番调查，又排除了府内人投蛇的可能。于府中有人说，前些日子来了个行刺的游方郎中，说不定这事与他有关。沈道台便叫兵勇去提胡子牛问话。没想到兵勇才一进监狱，那胡子牛便大笑着道："狗贼定是死了！"跟着就咬舌自尽了。

胡子牛自杀而死，更证明他与此事有关。只是那蛇的来处，却让沈道台怎么也想不明白。后来过了些时日了，翻看一本闲书，看到书中有关于蛇的记述："蛇，毒虫也。古以蛇鼠并举盖深恶之耳……草居，常饥，食稍饱则蜕。冬含土入蛰，春出吐之，圆重如石，谓之蛇黄。”看到此处，沈道台心里有了主意，立刻来到统领府，果然在一座假山下，找到粒泛着黄的“蛇黄”。再将胡子牛尸首让后院种花的花匠辨认，竟和去年府中走了的哑巴花匠体形酷似。

原来，胡子牛要杀于盛启复仇，苦于统领府不但戒备森严，而且那于盛启更有一身好武艺，自己根本难于近身行刺，于是思谋一番后，假扮哑巴以花匠身份混入统领府，将一条冬眠的线蛇埋入土中。然后从统领府出来，用烧红的铁砂毁了自己的容，待到来年于盛启恶疮发作时，便打着专治各种恶疮的招牌出现，于盛启果然找他治疗。加了“龙檀香”的草药敷在恶疮上，更会散发出浓烈的腐臭气味。线蛇一般白天蛰伏，夜里出来寻找腐烂的动物尸体为食。经过长时间蛰伏的线蛇，腹中早已饥饿难当，嗅到浓烈的腐臭气味，便潜入屋中，往于盛启恶疮处啮咬吸食……

书 擒 书 纵

明代嘉靖年间,川中出了个独行大盗,每次作案之后,现场总留下龙飞凤舞的四个字“清风君子”作为标记。这清风君子只向富户巨贾下手,短短两三年时间,便将川中有些声望的富户巨贾几乎偷了个遍。官府出动的捕快也有成千上万了,却连清风君子的影子也没看到过。

这年秋天,新任的四川巡抚南可靖,从水路自重庆逆行,到射洪柳树沱码头弃船上岸,带着随从,到被誉为“诗宗”陈子昂读书的金华山游一番后,打算住一晚第二天从陆路到成都府,不曾想第二天起床时竟发现放在自己睡房里沿途州县孝敬的金银珠宝少了一箱,屋中桌上有“清风君子”四个大字触目惊心。这还了得?! 南巡抚又惊又怕,自己居住的地方,本在府衙内院,守卫在住所周围的护卫有数十个之多,其中有些本事的也有四五个。这清风君子居然来去自如,不曾弄出半点风吹草动。如果想要自己性命,岂不是如囊中取物一般容易?南巡抚气急败坏地将射洪知县柳贤俊狠狠一通责骂,又以地方靖安防范不力为由,噼噼啪啪打了射洪捕头王建勇二十大板,然后责令务必在一月之内将清风君子捉拿,并送至成都由他亲自发落,否则将柳贤俊以为官无能上奏朝廷,将王建勇与清风君子同罪发落。

两人哪敢怠慢，当即叫来三班捕快，各自分工，全力查寻清风君子行踪。可是十天时间一晃眼过去了，清风君子像上天入地了样，众人忙得焦头烂额，却一点踪影也没查到。柳贤俊见案情毫无进展，大为恼怒，便将众捕快全都狠狠责打了二十大板，对王建勇更是毫不留情，竟打了四十大板。王建勇拖着皮开肉绽的伤腿回到家时，看到满眼泪花的八十老母和两个尚不明究竟的孩子，心知要想捉拿清风君子看来是比登天还难了，自己一旦获罪，家人也会跟着受牵连，不由得悲从中来。正绞尽脑汁想对策时，从门外进来个人，原来是在射洪城北开学馆的教书先生闻人达。这闻人达五十来岁，面黄肌瘦，原是福王幕僚，福王被皇帝猜忌，安了个罪名满门抄斩，作为幕僚的闻人达充军云南，途经射洪时一病不起，眼看没治了，便被留了下来。王建勇怜他年老凄楚，便延医配药将他治愈，后在城北替他找了家学馆，靠教一些乡村子弟赖以营生。闻人达也不客套，进来就开门见山地问道："王捕头捉拿清风君子可有眉目了？"

王建勇苦笑着很有些丧气地说道："此事只怕难有眉目哦。"

闻人达沉吟一阵，又问道："听说清风君子作案后，都会留下'清风君子'四个字？王捕头可否将那些字的拓本给老朽看看？"

王建勇也不知道闻人达要此有何用意，但那些字却是每一次案发都用白纸拓下了，备着作为查案线索，于是他取出身边有的几幅交给闻人达看。闻人达将字铺在桌上，然后皱眉细看。口里自顾说道："这人笔力雄健，此处虽是拓本，却也能见其四方顾视之势，看来受了些五代杨凝式的影响。杨凝式自号'杨疯子'，黄庭坚恭称其为'散僧入圣'，说的是他的草书笔法纵横姿逸，无一点一画世俗之气，完全若仙若圣……"

王建勇哭笑不得，还以为闻人达会有什么主意给自己呢，没想到却说起书法来了。自顾说了会儿王建勇不明究竟的书法后，闻人达向王建勇道："王捕头，其他发案处的留字拓本是否都在？"得到肯定的答复后，便叫王建勇立刻将拓本全部收集齐整，然后交给他。王建勇现在毫无主意，听了闻人达如此说，也不管他到底是什么用意，依言将全部拓本拿来放到闻人达面前。闻人达将所有拓本一一看了个仔细，然后道："王捕头，几年来蒙你照顾，老朽心存感激。这个案子，如老朽能侥幸将清风君子拿获，便从此与王捕头恩怨两结了。"

一听此言，王建勇且喜且疑，凭自己和闻人达几年的交往，知道闻人达并非是信口开河的人。他既然这么说，多少对捉拿清风君子有些把握。可是要捉拿清风君子，衙门出动的捕快成百上千了，尚一筹莫展，形容枯槁、手无缚鸡之力的闻人达又怎么能够？

第二天闻人达出现时，背着个竹箱笼，箱笼上插着八块字牌，形成一个向外的八角形。八块字牌上，居然全是用不同笔法写的"永"字。走到街道一角了，便坐下来，搭上张桌案，磨墨铺纸，一笔一画慢吞吞写字，写的还是"永"字。有人过来张望，打听要卖与否，闻人达头也不抬，只说不卖。最先凑上来看热闹的人不少，一两天后，人们见惯不惊了，都在相互传递，说城里出了个只写"永"字的怪老头。

连着在街角写了几天，每天写了的纸都足有半人高。临到天黑时，闻人达便收拾笔砚，回到自己的茅屋。一直对闻人达且信且疑的王建勇，几乎快要对其失去信心。到第五天晚上，茅屋中燃着支大白蜡，跳跃的烛光中闻人达运笔挥毫，写的还是"永"字。一阵轻风拂过，烛焰向上跳了下，转瞬间案前已多了个二十来岁眉目清秀的和尚，仿佛已在屋内站了好久似的，不声不响地看闻人达挥毫、运笔。闻人达像毫无知觉似的，头不抬手不停，仍旧慢吞吞一笔一画写着。和尚看了差不多一个时辰，由衷喟叹一声，道："'永字八法'原是古人以永字为例，概括阐述楷书八种基本点画用笔要点的方法。老先生却能将各个'永'字写得形体各异，风骨不同，小僧在此看了一个时辰，老先生所写一百二十八个'永'字，竟然无一雷同，实在让小僧钦佩！"

闻人达这才抬头，淡然笑道："若不如此，清风君子又怎会现身？"

和尚眼光一闪，不置可否地'哦'了声。他知道闻人达一定会接着说下去的。闻人达果然继续道："我看了每一处题有'清风君子'字样的拓本，发现从第一桩案子到最近的巡抚案，那四字都有变化。最先的尚不成章法，到后来渐渐有些气势，分明是一直练习的结果。而有数处被取之物，却是书法字帖藏本。老朽便猜想，这清风君子除去作'君子'道，还酷爱书法，只是苦于无人指点，便求助于字帖了。于是老朽便卖弄这点本事，指望能将你引出。果然啊……"

和尚点了点头，又摇了摇头，道："老先生以为你能拿得住小僧么？"闻人达摇头说道，"老朽手无缚鸡之力，又怎能拿得住高来高去的清风君子？"话锋一转，却道："不过，老朽写幅字，却能拿住你！"

和尚原来已经要走了，听了此言却将信将疑地停了下来。闻人达在案上重新铺开张纸，取出一管狼毫，饱饱蘸了墨，略凝了凝神，舒臂一挥之间，白纸上便跃然落下"清风君子"四字。但见四字顿挫有致，遒峻华艳，清风君子不由得叫了一声"好！"一声叫过，清风君子脸色却大变，仿佛那字有勾魂摄魄的魔力，目光竟像粘在了字上，想要移动半分也难了。接着黄豆大小的汗滴从脸颊上滚落下来，脸上的皮肤一阵抖动，分明在作挣扎，可惜空有飞檐走壁穿堂入室的本事，此时却一点也施展不出了。这时，王建勇带着捕快冲了进来，将无法动弹的清风君子捆了个结实。

清风君子终于被捉拿归案了。柳贤俊大喜，立刻坐堂问案，几乎不费周折，清风君子便说出他原是花果山千佛寺的和尚，法名空明，对历年所犯案件，也全都供认不讳。千佛寺破败多年，寺里除了这空明外，另有两三个不聋就盲的老年和尚。空明以往盗得的金银珠宝，已全散给了附近贫民，捕快从他住的禅房里，只搜到几本字帖和无数写过和没写过的纸张。一切就绪了，柳贤俊便叫王建勇带上十来个本事过硬的捕快，负责押解空明到成都府。闻人达要王建勇代他向柳贤俊请求:“这清风君子本事了得,说不清他还有什么同党没有。如果押解途中有了个什么闪失,大人也难脱干系。老朽既能将他拿获,不如再效回力,帮忙将清风君子押解到成都,也好让大人高枕无忧。”柳贤俊一想,这倒是个好主意,立刻便答应了。

从射洪到成都府,原也不太远,只两三天路程,一路上无惊无险风平浪静。到了巡抚衙门,南巡抚听说“清风君子”被押送到了,很想看看这敢在太岁头上动土的家伙是什么样子,吩咐将清风君子带到堂上。放眼一看,原来只是个眉清目秀的和尚。便问道:“柳知县可有案情审理禀帖?快呈上来!”

王建勇正欲从包袱里取禀帖,那边闻人达早已先出声了:“抚台大人,禀帖在此。”说着手里已多了一张纸折子。王建勇暗叫一声不好,因为禀帖在自己包袱里从来没动过啊!张张嘴想要说什么,看到闻人达气定神闲的样子,也不好开口说什么,心里十五个吊桶般七上八下,只求老天保佑,不要生出什么枝节才好。

南巡抚接过纸折子,打开一看,面上青光一闪,竟是要大发雷霆的先兆,跟着“噫”了一声,脑袋往纸折子凑近了些,目光像被锁在了纸折子上似的,片刻间脸色先青后白,接着红了紫了,身子也隐隐有些颤抖。一旁的幕僚看出了异样,关切地问道:“大人,有什么不妥?”南巡抚头也不抬,口里喃喃道:“放清风退下!”堂上众人一听,全都莫明其妙,这南巡抚怎么会如此决定啊?那幕僚上前一步,悄声提醒:“大人……”,才说出两个字,南巡抚猛地挥挥手,嘶声道:“放清风退下!”

看到南巡抚仍如此说,幕僚也不敢再问了。尽管不解,还是命令将空明解了枷锁,当堂释放,然后又叫闻人达一行人全都退下,又悄悄吩咐几个护卫,去盯空明的梢。一切安排停妥后,再看南巡抚,仍然呆若木鸡,直勾勾地看着手里的纸折子。幕僚上前叫了一声“大人”,南巡抚仍说“放清风退下”。目光仍定定地落在纸折子上,却又散又乱,分明神志不清了。幕僚大惊失色，一把将纸折子从南巡抚手中扯下，连声叫唤南巡抚好一阵，南巡抚脸上颜色才慢慢正常，“我怎么了？”幕僚不好说什么，只指了指抛在地上的纸。一看见地上的纸，南巡抚恍然间才明白过来，原来那纸上全写着“放清风退下”五个字。每五个字一联，全都是用不同手法写成，要么是整密秀丽的颜体，要么是飘逸出尘的柳体，或者是大捭大阖的草书，或者是笔法恭谨的楷书，或者是灵气飞扬的行书。不同手法不同字体写成的这些字，重重叠叠交映在纸上，南巡抚原来对书法喜好，一看时虽知有异，却挡不住心醉神迷，凝神细看时，那些字竟如有了生命力一般，全都活了动了，或跳或跃或蹦或窜，一个劲地往眼里涌，往脑里塞，片刻间便令自己满脑子全是那些字，如失魂落魄了般，不能自主了。知道事情原委，那幕僚暗自庆幸自己派了人去跟踪，赶紧吩咐人去捉拿清风君子。可是出去的人兜了一圈却和那几个盯梢的护卫垂头丧气地回来了，不用说，人跟丢了。而将王建勇一帮人找到，却单单不见了闻人达。南巡抚气得几乎吐血，却不好拿王建勇一行人撒气，那人，是自己一再叫放了的啊。他实在弄不明白，那些字为何有那么大的魔力。悄悄找了好些在书法方面造诣深厚的人打听，全都说不出所以然，但一看那些字，只要对书法嗜好的，无一例外，都会失魂落魄……

招蜂引蝶

南宋末年，咱们射洪县城南三十里的金家镇，境内大片大片矮丘陵地带上，都生长着数不清的果树。每年春风刚拂，梨花便雪朵般堆起来了。梨花尚未开败，红艳欲滴的桃花又刷刷开放。跟着是杏花李花石榴山楂，赶着趟似的漫山遍野开放……当地的住户，凭借这得天独厚的条件，大多一边耕种，一边做养蜂采蜜的营生。

这年初夏时节，遂州有个叫李金安的读书人，因要到临安府参加朝廷秋试，早早收拾着从家里出发了。进入金家镇境内，但见入眼处山花烂漫，彩蝶翩跹，不由心胸舒畅，恨不得吟诗作赋赞叹一番。不曾想就在这时，腿肚子像被蚊虫叮了似的微微一痒，跟着脚前绿草丛中一条细若麻绳的蛇一晃而过。被毒蛇咬了！他脑子里“嗡”一声响，揭起裤管一看，腿肚子上有个针眼大小的孔，用力一按，整条小腿都又僵又木毫无知觉，只渗出几滴腥臭的污血。他想高呼求救，却感觉舌头僵硬，视野模糊，跟着扑通一跤跌倒在地。

等他悠悠醒来时，发现自己躺在个低矮的草棚里。一个粗眉大眼方脸厚唇的年轻人，捧着他肿得像牛膀似的腿，正用力一口口吸着污血。见他醒来了，一脸欢喜地咿哩哇啦叫开了。听到声音，棚门上的草帘被揭开，进来个端着一大瓦钵鸡汤、满头白发的老婆婆，笑着道：“公子，幸好五步蛇的蛇毒没渗进你的肺腑，要不大罗神仙也救不了你了。这汤刚炖好，趁热喝了吧。”

李金安好生感激，挣扎着想要施礼道谢。年轻人忙按住他，嘴里依然哇哇有声，脸上分明是阻拦的神色。见李金安盯着年轻人有些诧异的样子，老婆婆叹息一声道：“这孩子小时候得了场病，病好后就说不出话了，可他耳朵灵敏得很呢。”喝着香气四溢的鸡汤，看着这朴实的一老一少，李金安忍不住热泪盈眶。

因为蛇毒刚去，李金安身体还很虚弱，便留在草棚里养息。几天相处里，得知这一老一少是母子，老婆婆叫谢余氏，年轻人叫谢三，靠养蜂采蜜营生。他也讲了自己的情况，说自己是家境破落的读书人，一心想要靠读书求取功名，去光耀门楣。

休息了十来天，身体基本恢复后，李金安要重新上路了。临走前，他跪在老婆婆面前，坚持要认她作干娘。老婆婆极力推拒，却挡不住李金安苦苦哀求，只好答应下来。谢三年长，拜为兄长。

收拾好行李，母子俩将李金安送到沟口官道前。谢三握住李金安的手，满脸依依不舍之情。蓦地，他从身边摘下片树叶，对着一折，做成叶笛样子，然后衔在嘴里，叽叽呜呜吹了起来。李金安心里好生奇怪，感觉谢三吹奏出的声音，既不清脆，也无旋律，倒像一只巨大的蜜蜂发出的嗡嗡声。正不明究竟，突然听到四周都响起了嗡嗡声，放眼一看，大吃一惊：成千上万只蜜蜂，嘤嘤嗡嗡地飞了过来，聚集在旁边那块斜坡上。这时，叶笛声变得抑扬顿挫，那些蜜蜂像被无形的力指挥着，在绿叶青翠山花多彩的斜坡上，穿梭往来，起伏有致，待到笛音平缓时，竟绣成了两个黄色的字，细一看，原来是“保重”二字。

李金安又惊又奇，激动不已地说道：“大哥，你好本事，居然有这样的能耐。”

谢三听了这话，忙不迭地摇晃着头，抬起手来，在自己面前竖起根小指头，然后朝着母亲，竖起拇指。李金安更是讶异，难不成干娘还有更了不得的本事？

谢余氏嗔怪地瞪了谢三一眼，笑笑道：“好吧，干娘也来送送你。”说完双唇一嘬，吐气发声，清越高亢的哨音立刻脱唇而出。随着哨音，四野烂漫的山花竟一朵朵飘然而起，朝向他们飞来。近了些才看见，那哪是山花啊，分明是一只只五彩斑斓的蝴蝶。大的犹如巴掌，小的如同制钱，随着哨愈聚愈多，很快形成了长宽各丈的一个方块，看上去像用各种各样花朵编织的彩墙。这时，谢余氏嘴唇微颤，哨间变得绵长悠远，那些蝴蝶上下起伏，竟像行兵布阵般有了变化，不多一会儿，彩墙便变了形状，形成四个字的模样，一看分明是“一路顺风”。

李金安几乎要以为这全是幻觉了，猛掐自己大腿，能感觉到疼，这才敢相信看到的是真的。这时谢余氏嘴里哨声渐渐低缓，那成千上万只蝴蝶，突然聚成了个硕大的彩球，在空中翻滚了数圈，然后数百只结成一束，像朝阳散发的霞光撒向四面八方……

李金安倒头便拜，“干娘、大哥，想不到你们会有如此匪夷所思的奇技！”……

五年弹指一挥间，李金安回到射洪地界时，已经做了个不大不小的官儿。只是他这官儿，不是在南宋小朝庭做的，而是给蒙古人做的。那年他到了临安后，果然金榜题名了，被派到襄阳当了一个县令。上任不到两年，蒙古人便大举南侵，不久便兵临襄阳。为了保全性命，他弃城投降。蒙古人见他颇有才学，便将他留在军中。这次大军入川，他被任命为入川元帅答布流的书记官。答布流率领十万铁骑，从剑门苦竹隘入关，一路势如破竹到了洪城。原以为这弹丸之城，不费吹灰之力便能攻克，不曾想在洪城外苦攻数天,却毫无进展。洪城守军中,有个能驱蜂作战的哑巴,每当蒙古兵攻到城下,便用叶笛召唤来成千上万只蜜蜂,往蒙古兵身上猛蛰。蒙古兵尽管骁勇善战,可对防不胜防的蜜蜂却无计可施。

李金安得知消息后,心知那驱蜂人定是谢三无疑。找到答布流,如此这般一番安排,然后换一身土布衣裳,混进了洪城里。到了城里,向守城士兵说,他是驱蜂人谢三的弟弟,士兵便将他带到谢三面前。谢三一见他,又是欢喜又是惊讶,嘴里哇哇叫着。李金安眼角挤出几滴泪,编造出谎言哄骗住谢三,然后假惺惺问起干娘谢余氏的下落,谢三又比又划,告诉他母亲身体多病,还在金家镇老家,说等打退蒙古兵后,立刻带他去看望。

吃饭的时候,对着两个简陋的菜,李金安搓着手道:"大哥,你我兄弟一隔数年,今日方得见面。可能弄点酒来?"谢三比划着告诉李金安,说城里被围多日,粮食都快用尽,根本就没有酒了,更何况大敌当前,有酒也不能喝。李金安心里一喜,从包袱里取出个小酒葫芦,不露声色地说道:"这一路逃难,餐风饮露,我常备着酒驱寒除湿,今天能和大哥见面,一定得喝点意思意思。"说着取来两只碗,将酒倒出,葫芦小盛酒不多,全部倒出也只有两个半碗。端起酒碗,自己先一口干了。谢三虽有些犹豫,稍作沉吟后,也把酒一口喝了下去。没想到喝下酒不多一会,两人都咕咚醉倒在地。原来这酒虽不多,味道也无异常,却是李金安专门准备的"一滴醉三日",任你多大酒量的人,喝上半碗,也得晕晕大睡。

等到谢三清醒过来时,发现自己被五花大绑,洪城早已沦陷在蒙古人手里。李金安得意洋洋地来到他面前,道:"蒙古铁骑天下无敌,大哥,识时务者为俊杰啊。只要你肯投降,定有享不尽的荣华富贵。"

谢三怒目圆睁,脸上青筋乱绽,猛地一口唾沫吐到李金安脸上。李金安恼羞成怒,恶狠狠地道:"既然你不识抬举,也怨不得兄弟我了。三日后是答布流先锋的寿辰,让你尝尝他百步穿杨的箭法!"说完拂袖而去。

李金安带着几个兵丁,正狐假虎威走在街上。突然听到身后有个苍老的女声,“安儿,是你么?”回头一看,只见头发花白的谢余氏,佝腰偻背,拄着根竹根,正用雾蒙蒙的眼睛看着他。他忙示意兵丁“搀扶”住谢余氏,还故作亲热地叫了声“干娘。”

谢余氏道:“安儿,听说你做了鞑子的官?还抓了你大哥?”

李金安心里一惊,道:“干娘有所不知,这天下早晚也是蒙古人的,孩儿是顺天应时啊。我再三苦劝大哥,可惜他听不进去……”

谢余氏叹息一声,哽咽着道:“三儿一向与我相依为命,若是他有个三长两短,我也没法活了。”

李金安脑瓜一转,心中暗喜,道:“干娘,我在蒙古人手里人微言轻,根本说不上话。要救大哥,干娘也行啊。”原来,为了庆祝寿辰,答布流要李金安组织杂耍班子,到时表演助兴。可这兵荒马乱的时节,那些弄杂耍的早四散逃离了。李金安正为这事绞尽脑汁,看到谢余氏,立刻想到她引蝶的本事,蒙古人看到引蝶定然欢喜。谢余氏得知李金安的企图后,低头想了会,便答应下来。

转眼到了答布流寿辰这天,蒙古将领都齐聚在洪城校场内。李金安带着谢余氏来到场中,往校场一角指了指,只见谢三被几个身材剽悍的蒙古兵围在中间,颈上架着把明晃晃的大刀。他故作为难地道:“干娘,大哥招蜂的本事,让蒙古人心有余悸。他们说只要这寿辰风平浪静,庆典一完,立刻释放大哥。如有任何异动,便要先杀大哥。”

谢余氏不置可否地看了他一眼,拄着竹根一步步走到校场中间。微微嘬唇,清越的哨音立刻直冲云霄。随着哨音,原本阴暗的天空突然晴朗开来,天边飘出一片片灿烂的云彩。云彩渐渐聚集到校场上空,蒙古人全都惊叫开了。那鲜艳如同蜀锦般的云彩,竟是成千上万只蝴蝶聚集而成。随着蝴蝶翩跹飞舞,云彩不断变换色彩,各色蝴蝶振翅移动时,抖落下泛着花香的蝶粉，蝶粉纷纷扬扬，在空中混在一起，形成赤橙红绿各样颜色，然后雪雨般飘落在地，不多一会便积起了厚厚一层。蒙古人这时忘记了惊呼，全都圆张着嘴，傻瓜似的目瞪口呆。这时，谢余氏嘴里哨音突然一低，天空中的蝴蝶云彩向四面散开，振动着翅膀绕着校场旋飞。校场上立刻刮起一阵飓风，将堆积着的蝶粉拂扬起来，让人只觉入眼全是绚烂的粉尘，闻到的全是清甜的花香。好一阵后风势才平息下来，蝶粉慢慢散开。李金安往场中一看，谢余氏已经不见了踪影。再一看角落，大吃一惊，那几个蒙古兵还保持着戒备的样子，可谢三也无影无踪了……

几天后，蒙古军营里出现一种怪病，得病的士兵将领喷嚏连天涕泪长流，身上长出些细小的红疙瘩，又痒又麻，轻轻一抓，立刻皮开肉绽，溃烂化脓，直到痛苦不堪地一身溃烂而死。随军的大夫说，那是中了毒的迹象。想要医治，却又束手无策。没奈何答布流只好宣布撤军，撤军前，李金安被砍头祭了旗。

奇妓杜秋娘

暮春的一个早晨，洪城知县沈安文接到报案，说是“天香楼”出了凶杀案，然后带着皂役、仵作直奔案发现场。

“天香楼”是洪城最大的妓寮，足足占了十亩地。分前后两个院落，前院为接客场所，占地是后院的两倍。那后院又叫“酝香院”，住着些不到梳拢年龄的姑娘，整日学习琴棋歌赋。被杀的，便是后院里被称为“小辣椒”，入夏便会搬到前院的红杏。

沈安文刚由妓院龟奴引到后院，干号着的老鸨子像见了救命草似的，扑通一声就跪在沈安文面前。“大人啊，你一定要帮我把那杀千刀的凶手揪出来啊。咱家红杏，我可是三岁就收养大的。这些年巴心巴肝供着她，眼见到了梳拢年龄，白花花的银子偏化成了水……”

沈安文也不理会老鸨子喋喋不休的哭诉，只见那屋中地上，一个着翠绿衫的女子躺在血污中，旁边跪着个身材婀娜、相貌俊美的女子，满脸泪痕斑驳，眼肿得像水蜜桃似的，正握着死者的手，耸动着肩哭泣。这女子沈安文曾经见过，是这“天香楼”的花魁，叫杜秋娘。沈安文示意皂役将杜秋娘扶出去后，便开始仔细勘察。

红杏衣衫整洁,是被人当胸一刀捅死的。再看屋中陈设,也看不出物件被翻动的痕迹。

从屋里出来,沈安文吩咐仵作验尸,自己又在院里勘察开了。院子只靠南有一排小楼,与前院相接。东西各一排厢房,是厨房和轿亭。北面圈着丈二高的围墙,临着河沿街。墙根下密匝匝全栽着各式各样的花树,树下生长着茵茵绿草。这会儿桃花红李花白,开放得正绚烂。正走着,沈安文发现,临着后门旁,花树折了几枝,下面绒绒绿草上,现着几个新鲜脚印。走近些看,围墙顶墙皮也有被蹭擦过的痕迹。他暗自点了点头,重回到小楼前。这时仵作验尸完毕,报告说死者当胸被捅至死,创口深达七分,显然是孔武有力人所为。另外,臂弯处守宫砂完整无暇,应是处女之身。

这显然不是劫掠杀人,因为不但红杏屋内东西没有被翻动过,而且谁都知道,凡是还没接客的姑娘,连胭脂水粉都由老鸨子统一制备。也不像奸杀,红杏衣衫完整,根本看不出抓扯的痕迹,更何况还是处女之身!沈安文皱了眉头思索一阵儿,向老鸨子问道:“这红杏可与人有仇隙?”

老鸨子一口否认:“红杏这丫头虽然牙尖嘴利、刁钻泼辣,可平素大门不出二门不迈,哪可能会与人结下这么大的仇?”

这时,一直低声饮泣的杜秋娘,身子猛然一震,颤声呼道:“难道是他?!”

“谁?”沈安文和老鸨子一齐追问。杜秋娘轻叹一声,说出件事来。

在这“天香楼”里,杜秋娘与红杏一直情同姐妹。就在昨天,红杏缠着杜秋娘,说要到城外金华山去踏青。金华山风景绮丽,素有蜀中名胜之称。杜秋娘挡不住红杏纠缠,便答应了。两人坐着软轿来到金华山下,刚揭开轿帘,便看到前面山门处有几个少年聚在一起,指点着浩浩荡荡的涪江,吟诵着诗句。为首的一个着蓝衫的少年,面若冠玉、神采飞扬,杜秋娘忍不住低声赞道:“好俊俏的蓝衫郎!”

红杏嘻嘻一笑,戏谑地调笑说:“从良需嫁蓝衫郎。姐姐,我去问问,他娶妻了没有?”红杏一向口无遮拦,杜秋娘想要阻止,哪里还来得及?两处相隔不过几步,红杏的话立刻传到了几个少年的耳里。那蓝衫少年原本神采奕奕的一张脸,突然涨得通红,跟着大声说道:“在下无福高攀,不过替姑娘作伐总还可以!”

杜秋娘见那少年脸色不善,心知他定要讥嘲,本想不搭他茬,一走了之,偏偏红杏不谙人事,居然笑嘻嘻地问道:“那你说来听听。”

那少年嘴角一翘,现出恶毒的笑意。往前一指,只见前面数十步外,一条瘦骨嶙峋的野狗,皮毛斑驳,正夹着尾巴在株树干上蹭痒。“娼门贱妇,配它正合适!”

尽管杜秋娘早有准备,却万没想到会被如此恶毒辱骂。她本想理论,却想到自己卑微的出身,无法启齿,只好强忍着眼泪,支撑着摇摇欲坠的身体,拉扯着红杏要走。红杏却已哇地哭出了声,猛地一挣,自杜秋娘手中挣脱,几步抢到蓝衫少年面前,呸地啐了一口,骂道:“你个臭男人,有什么了不起?娼妇从哪里来?还不是你们臭男人害的?!”

蓝衫少年气得浑身哆嗦,“反了,反了,娼妇竟敢如此辱我……”暴跳如雷,伸手欲打红杏。见蓝衫少年恼羞成怒了,另几个少年忙拦住他,一边劝说好男不与女斗,一边恶言叱喝,叫杜秋娘和红杏快滚……

讲完这些,杜秋娘脸上又是泪珠滚滚了。听完叙述,沈安文已对那少年的身份猜了个八九不离十。但还是问道:“你可知道,那人是谁?”杜秋娘说,听轿夫说,那蓝衫少年叫宋寒玉。“果然是他!”沈安文心里冷笑一声。这宋寒玉刚满十九岁,素有洪城第一才子之称,很是恃才傲物,自视清高。父母死于流疫,继承了近百亩田产,糊口养家绰绰有余,便以逍遥神仙自居,既不屑结交官府,也耻于涉足青楼。沈安文当即命令皂役火速捉拿宋寒玉。

不多时间,皂役们便拖着软瘫得像摊泥似的宋寒玉回到县衙。皂役禀报说,宋寒玉家里就他一人,他们去时,宋寒玉只是虚掩着门,正躺在床上,呼噜呼噜扯着鼾。床前椅上，搭着的那件蓝衫胸襟处，还沾着一团团血污呢。而床脚下，丢着柄带血的短匕……

宋寒玉斜躺在地上，大概对已沦为阶下囚的身份还全未觉察，只是迷迷沌沌地眨巴着眼睛，嘴里呼出浑浊的酒气，沈安文就知道他是酒醉未醒。挥挥手，说声“浇醒他”，立刻有皂役提了桶冰凉的井水进来，哗啦将宋寒玉浇成了落汤鸡。宋寒玉猛地打了个激灵，似乎清醒了不少，一挣身子，才发觉被镣铐锁着，瞪着眼大声问道：“这是为何?!”

沈安文喝道：“宋寒玉，还不将你杀人行凶的行径，从实招来!”

宋寒玉大惊失色：“这话从何说起?”

“‘天香楼’红杏昨日与你冲突，你这狂徒为泄私愤，竟于昨夜将她刺死！还不快招?!”沈安文如此一说，宋寒玉竟不惊反笑了：“大人，你讲什么笑话？昨夜我与朋友在‘江牛肉’饮酒，宿醉到现在尚未完全清醒呢，怎么会去杀人了?”

沈安文冷笑一声，将短匕“呛啷”一声扔到宋寒玉面前。“这短匕是谁之物?”宋寒玉一脸诧异，“这是我的，怎会在此?”“我再来问你，你胸襟上血迹，又从何而来?”直到这时，宋寒玉才发觉自己胸襟上竟沾着团团血污。“这、这血污从何而来?”沈安文也不与他理论，只索问了昨夜饮酒是哪些人，然后着人连着“江牛肉”的掌柜一并传来。

不多一会，“江牛肉”的掌柜和昨夜与宋寒玉饮酒的一帮人都来到堂前，都异口同声说，昨晚饮酒直到丑时，宋寒玉酩酊大醉，且一直对红杏辱骂不休，反复说什么“士可杀，不可辱”，更何况对方还是个婊子。最后还是大家一道送他回家后，才四散而去。听完众人陈述，沈安文沉声吼道：“宋寒玉，分明是你趁着酒醉，挟恨杀人！有血衣、短匕作证，你还有何话说?”宋寒玉叫苦不迭，矢口否认。沈安文怒从心起，猛一拍案桌：“官法如炉，不动刑罚，量你不识好歹!”喝令剥去宋寒玉衣衫，噼噼啪啪着着实实打了好几十板。

宋寒玉哪吃过这苦头？不多一会，便哀号着，承认了行凶杀人之事，录供画押后，便被打入了死牢。

半天工夫，凶案便告破。沈安文吁了口气，立刻写好呈文帖子，详细说了案情，只待知府审定，便可将宋寒玉问斩。

隔了三日的清晨，沈安文正在洗漱，蓦然听到县衙外的大鼓被咚咚敲得震天响，忙一边穿戴升堂袍服，一边着人去查看。查看的人很快回来说，击鼓的人竟是杜秋娘。沈安文大吃一惊，忙来到大堂，只见杜秋娘长跪在大堂外檐下，两边皂役已持着水火棍候着了。坐定后，立刻有些不忍地提醒道："杜秋娘，你可知你身份？你可知朝廷律令?!"沈安文有此一问，只因为朝廷律令里，视妓女为不洁之身。大鼓为民兴讼所用，象征着正气。妓女击鼓，有污正气。所以不管为了何事，先要被责打二十棍。二十大棍下来，即便壮实的汉子，也得七痨五伤，更何况身娇肉嫩的女子？而要进入大堂，更是不死也得脱成皮。大堂象征朝廷威仪，根本容不得妓女立锥。若要进堂，需置身在一张门板大小，上面密布半分长尖钉的钉板上，由皂役们抬进去。

受棍刑、睡钉板，本是妓女们的奇耻大辱，杜秋娘哪里不知道？只见她脸色愈发惨白，因为恐惧整个身子也禁不住直哆嗦，但仍咬着牙点了点头。

见杜秋娘心意已定，沈安文心里不由得有些惋惜，却也不敢不依律行事。挥一挥手，皂役们立刻将跪着的杜秋娘，拖到堂侧的刑房，一边朗声报数，一边噼啪击打。若在以往，即便是粗壮汉子，每击打一下，都会发出一声痛彻心扉的惨叫。可沈安文直愣着耳朵听，却不闻杜秋娘哭叫哀号，只随着每一棍击打，传出声憋在嗓子眼儿上的闷哼。沈安文暗暗称奇，不由对杜秋娘有几分刮目相看。

不多一会，杜秋娘受刑完毕，被置身在钉板上，抬到大堂中。只见杜秋娘臀背血肉狼藉，发丝散乱，脸如金纸，两边嘴角都挂着血线。分明是咬牙支撑，破了牙龈，正以一只手掌斜撑着身子，半躺在钉板上。沈安文捺住怜悯之情,柔声问道:“你有何事,从速说来!”

杜秋娘轻咳一声,啐了口血沫,然后说道:“大人,宋寒玉冤屈了。”

一听这话,沈安文吃了一惊。“大胆!宋寒玉对犯罪事实早已供认不讳,有何冤屈?”

杜秋娘苦笑着摇了摇头,说道:“前日安埋红杏,是我替她洗身更衣,她臂上守宫砂竟被洗掉了……”守宫砂本是处女象征,想不到一洗却没了,分明红杏自知已不是处女,这令杜秋娘当时就觉得惊诧。但也不敢声张,要是让老鸨子知道,自己花了许多心血养大的姑娘却已不是处女,定会暴跳如雷。到了昨夜,因为出了凶案,“天香楼”几乎没有客人。杜秋娘愁肠百结,一个人自斟自饮,竟也大醉。迷迷糊糊中,几乎忘却了红杏已死,又踉跄着来到后院,去推红杏的门,没想到却走错了房间。原来那一排小楼共十三个房间,屋外修葺,屋内陈设,全是一个模子。说到这里,杜秋娘颤声道:“大人,你试想一想,贱妾于那后院,本是熟门熟路,酒醉之后竟然也不辨东西。那宋寒玉从未到过‘天香楼’,更未到过后院,醉酒之后,怎能不惊动左右住着的姐妹,将红杏的房间一找一个准?而那时已是丑时以后,前院的姑娘,也都睡了。红杏却为何衣衫整齐?联系到红杏早已失身,贱妾斗胆认定,凶手是另有其人啊。”说完这番话,杜秋娘已汗出如浆,身下钉板上那些钉缝里浸涸着缕缕鲜血。

杜秋娘一番话,如同雷击般将沈安文震得呆若木鸡。他赶紧吩咐皂役们将杜秋娘抬出去,找郎中上药疗伤,又派了皂役和仵作,将红杏起尸重验,自己则带着一帮人,重新来到“天香楼”。发现真如杜秋娘所说,那十三个房间,全都一个模样。而从后门过来,也有数条曲径,夹在假山长廊间,迂回曲折通往房间。别说是个醉了酒的人,就算清醒着,摸黑进院,要找到红杏的房间,也非易事。沈安文一边暗暗责怪自己先入为主,麻痹大意了,一边将院中姑娘重新招集起来,仔细询问。后院平常少有男人进入,平常只有请来教授琴棋诗赋的“师傅”经常出入后院。而教授琴棋诗赋的,一个是五十出头的老夫子,一个是三十多岁叫申度时的落魄文人。再问时,竟然得知,那申度时竟然就住在宋寒玉隔壁!

沈安文心里一片清明,立刻着人缉拿申度时。晌午时分,申度时便被缉拿到了县衙,上堂后不等用刑,便如竹筒倒豆子般,交代了作案经过。原来他在教授过程中,诱奸了红杏。红杏本不愿过那倚楼卖笑的生涯,便胁迫他那晚必须给个答复,要么为她赎身,要么她就将苟且的事告诉老鸨子。申度时知道,这些姑娘都是老鸨子的摇钱树,没有个三五百两银子,哪里赎得出来?自己家徒四壁,根本凑不出银子。又怕红杏声张,自己本来以替“天香楼”教授为生,倘若与红杏的私情泄露,不但会砸了饭碗,而且狠赖的老鸨子绝不会轻饶了他。正抓耳挠腮无计可施时,却听到醉酒归家的宋寒玉与那般同样醉得迷迷沌沌的少年喋喋不休,说的是受了红杏的侮辱,不由想出条杀人嫁祸的主意。待众少年走后,立刻潜进宋寒玉家,将醉得人事不省的宋寒玉身上蓝衫、靴子,换到自己身上,又将宋寒玉的短匕带上,轻车熟路来到红杏房间,将一直盼着他的红杏刺死。然后将蓝衫和短匕,放回宋寒玉家……

宋寒玉无罪开释,知道是杜秋娘鸣冤还他清白后,立刻备下礼品,去探望仍在疗伤的杜秋娘。没想到杜秋娘既不收礼品,也不见他面。踌躇无计的宋寒玉突然萌生出一个大胆想法,决定先为杜秋娘赎身,然后娶她为妻。他有些得意地盘算,杜秋娘之所以拼着受棍刑、卧钉板,不过是因为对自己爱慕有加。如此一来,也算是实实在在地报答她了。没料到的是,这消息传到杜秋娘耳里,杜秋娘叹息一声道:“狂生愚痴得可以。我之所以甘愿那般,是想让红杏死得瞑目,不让凶手逍遥,而冤者屈死!又岂是对他而已?”

听到这番话后,宋寒玉震惊了,顿时生出无地自容的羞愧感。在这个暮春的最后一个早晨,他只身来到“天香楼”杜秋娘房前,长长一跪……

揭棺娶妻

涪江上游有座天官山，山下有个年轻农户叫姚守义，国字脸，黑剑眉，走路能带起一阵风，不但庄稼活儿拿得起放得下，更是上山能打猎，下江会捕鱼。

这年春种时节，姚守义到崖角新翻的地里播种，快到目的地时，突然听到断断续续的呻吟声。朝呻吟声方向跑去一看，路边灌木丛下那道两丈多深的沟渠里，一个老婆婆蜷缩着躺在乱石上，低一声高一声地痛苦呻吟。跳下沟走近了，那老婆婆金纸一般颜色的脸庞却从来没见过。打听她是哪里人，老婆婆嚅动嘴唇，答不上句囫囵话。救人要紧，姚守义也顾不上多想，立刻将老婆婆扶起来，背回自己家里安顿好，然后请来了郎中。郎中开了几帖药，说老婆婆跌伤了身子，吃药静养上一段时间，便可痊愈。服完一帖药，老婆婆能说话了，告诉姚守义说，她是二十里外碧山庙的人，去年在天官山上的天官庙许了愿，去还愿时，不小心跌到了沟渠里。又问姚守义："我是个孤老婆子，既和你非亲非故，也拿不出什么来报答你，救我图个啥？"姚守义挠着头皮憨厚地笑了笑说："我啥也不图。反正，这样的事我遇上了，就一定要帮才心安。"老婆婆说："我这身老骨头，怕是得养上三五个月才能复原呢。"

姚守义眉头也不皱，立刻接口说道："老婆婆，莫说三五个月，就是三五年，我也愿意！"老婆婆一听这话，脸色一沉："你这是什么话啊，莫不是指望我老婆子三五年都不复原？"看到姚守义一下之臊了个大红脸，老婆婆笑出了声："看得出你是个实诚人。订下媳妇了没？"看到姚守义脸更红了，难为情地直摇头，老婆婆也就不再说什么了。

又过了几天，姚守义下地回来，发现老婆婆不辞而别了，到周围找了个遍，也不见踪影，只好在心里祝愿老婆婆早日康复。

没多久进了六月。初五这晚雷声不绝，瓢浇桶泼般大雨下了一整夜。到第二天一看，绕着天官山向下奔流的涪江，江面比平常高出了许多，浑黄的浪峰一个紧追一个。发洪水的时节，江里的鲫鱼和鲤鱼，为了逃避浩浩荡荡的激流，大多会躲进岔出的河湾里。两岸的住户，趁这机会都到河湾捞鱼。姚守义带上捕鱼工具，也来到离家不远的河湾。一个时辰不到，便捕到半兜子鲫鱼。正捕得高兴，突见浪峰一涌，一个黯红色的长方形物体被推进了河湾。细一看，原来是口漆成黯红色的棺材，正像艘小船样随着江流波动一起一伏。棺材盖子早被撞开了，斜铺在棺身上。几个同在河湾捕鱼的农户，都连声说晦气。姚守义嘴上没作声，心里却琢磨开了。那棺材盖儿还盖着，应该没被江水颠覆过。再看漆色，分明新做不久，看来棺里的尸首入棺的时间不长。如果不理会，要不了多久，定会被江水颠翻，尸首便会落到鱼鳖肚里。这样一想，姚守义有了主意，向抽身要走的几个农户请求，帮忙把棺材捞上来。几个农户像见了鬼似的瞪着他，没有人愿意。没办法，直到姚守义答应捞上棺材，晚上请他们吃熏野味喝酒时，他们才不太情愿地过来帮忙。

棺材捞上来了，过去一看，里面空空的，啥也没有，只汪着半棺江水。棺材是上好的红木做的，足有五寸厚，尽管在江水里泡过好长时间，也能闻到淡淡的幽香。打一副这样的棺材，少说也得百来两银子。百来两银子，可不是小数目，失棺的人家一定急得不行。于是姚守义决定将棺材抬回自己院里，放出消息，等失主前来认领。这想法一说出来，因为棺材里没装死人，那几个农户倒没什么异议，上来七手八脚帮忙，将棺材搬到姚守义院里，倒光里面的积水，然后将厚厚实实的盖子重新盖上。

晚上，姚守义煮了一锅野味，买了一大葫芦酒请大家。正喝得高兴，突然听到“笃笃笃”三声敲门声。姚守义过去打开门一看，雨后初晴的夜晚，月光皎皎如雪，把那个院子映得明明白白。院中除了那口棺材，啥也没有。还以为自己听错了，回来又继续喝酒。刚坐下来，又听到“笃笃笃”三声响，开门一看，院里树不摇草不动，鬼影儿也不见一个。心里好生纳闷儿，那几个正喝酒的农户心里也犯嘀咕了，都说别关门了，敞开来看个究竟。没一会，笃笃声又响起，原来那声音是从棺材里传出的！

一屋的人都愣住了。棺材里啥也没有啊，怎会发出声音？莫不是听错了？才在狐疑，笃笃声又响起了。千真万确，是棺材里发出的。姚守义壮着胆子来到院里，揭开棺盖一看，妈呀！棺材里竟躺着个一身缟素的女子！正慢慢挥动拳头，一下一下敲击着棺身！棺盖揭开了，一咕嘟坐起来，嘴里问道：“姚守义在哪里？”

众人全吓得三魂出窍七魄离体了，一听女子问话，都哆嗦着指向姚守义。姚守义此时也吓得四肢疲软口不能言。那女子从棺材里迈出来，朝姚守义盈盈一拜，莺歌燕语般说道：“夫君，你让我好找。”不听这话还好，一听这话，姚守义脚下一软，一屁股跌坐到地上。他实在闹不明白，本来空空如也的棺材里，怎会出来个年轻女子，居然还称自己为夫君。那女子轻轻一笑，“诸位别怕，小女子是人，非鬼。小女子若是鬼魅，便不会有影子了。”众人这才看清，月光下，那女子亭亭玉立的身影，倒映在地上分分明明。那女子又说：“鬼魅不仅不会有影子，更不会有鼻息心跳，夫君，你且验证验证。”也不管姚守义愿意不愿意，拉住他的手，往鼻下一探，温暖的鼻息如丝如缕，再将手捺在胸口,心律跳动清晰可辨。姚守义这才慢慢有了些生气,有气无力地问道:“你,你到底是谁?”那女子抿嘴一笑,“我是城北顾员外的女儿顾秀娘,本来三天前就是死了的人,因为与你有一段姻缘,阎王又将我送回来了。夫君,你是否腰上有一块铜钱大的胎记?”姚守义茫然地点了点头,不知道说什么好。那边几个农户这会儿回过神来了,全一个劲咂舌头。城北顾员外,是射洪大名鼎鼎的人物。顾家庄离这天官山,有六七十里地。弱不禁风的顾秀娘能突然出现在棺材里,那棺材盖少说也有一二百斤,她是如何进去的?而且居然知道姚守义的名字,知道他腰上的胎记。不是神力帮助,哪里可能?

姚守义不知如何是好,只好一面安顿顾秀娘住下,一面托人通知顾员外。

第二天晌午时分,顾员外一行人骑着快马乘着快轿来了,一见死而复生的顾秀娘,不由又惊又喜。听了事情的经过,也是瞠目结舌。原来,顾秀娘早在七八岁时,便许配给了城北另一个旺族史家子弟。原定六月初六大婚,没想到六月初三这天,顾秀娘突然患了心绞痛,不多一会便死了。顾员外没奈何,只好把正在筹备的喜事改成丧事,一面在屋中设了灵堂,将顾秀娘祭奠着,一面在城里棺材店订了最好的红木棺材。没想到六月初五晚上,一声惊雷响过,放在屋中的顾秀娘尸首不翼而飞,而城里棺材店订的那口红木棺材也在那一晚的雷声中失去了踪影。听说顾秀娘与姚守义有一段姻缘,顾员外老大不愿意,姚守义不过是个穷光蛋,自己千娇百媚的女儿怎么可以下嫁给他?顾员外的夫人上来劝阻说:“员外,你想想,那棺材千来斤重,在射洪失踪,却在离射洪六七十里的涪江上游出现。秀娘是我们眼睁睁看着死了的人,现在又水灵灵地活过来了,这分明是天意啊。天意不可违,还是顺其自然吧。”顾员外思前想后,只好长叹一声,当即应承了姚守义和顾秀娘的婚事。

那史家子弟听说顾秀娘死而复活，许配给了姚守义，哪里肯依，立刻写了状子，以毁婚为由将顾家告上府衙。知府将有些干系的人全传来询问。棺材铺掌柜说，六月初五那晚，他正带着几个徒弟在铺里忙活，随着一声炸雷，那口红木棺材突然人立而起，向上直撞，哗啦撞坏了屋脊，撞破了屋瓦，然后不见了踪影。棺材铺这些日子正息着业，请了一帮端公道士驱邪。屋顶的大窟窿，到现在还没敢补呢。而顾家上上下下的人都众口一词，说也是同晚，顾秀娘的尸首在雷声后不翼而飞。再问过帮忙抬棺的众农户，知府也拱手朝天拜上几拜，念叨几声天意，亲自做主解除了顾秀娘与史家的婚约。

过不多久，姚守义与顾秀娘举行了婚礼。直到将千娇百媚的顾秀娘迎进了洞房，姚守义仍然云里雾里，既喜又疑。顾秀娘嗔怪地瞪着姚守义，问道："莫不成你对我真的一点印象也没有？"姚守义盯着顾秀娘娇羞的脸看了很久，傻乎乎地笑着说："是觉得曾经见过，却一点也想不起了。莫非，莫非，真的前世就与你有缘？"顾秀娘伸出指头，重重在姚守义额头上一凿，"见你的大头鬼吧。去年三月三，金华山赶庙会，你做过什么来着？"这么一提醒，姚守义才悄然大悟。金华山是蜀中名山，每年三月三，上下三县里上香还愿的和踏青赶会的，总是人山人海。姚守义种有一亩地甘蔗，拣庙会的日子挑去卖，却遇到几个流氓子弟在纠缠一个面笼薄纱的女子，便握了扁担，上去替那女子解了围。难怪总觉得顾秀娘似曾相识，原来救下的是她啊。见姚守义回忆起来了，顾秀娘又笑着说："我再给你介绍个人。"说着轻轻拍拍巴掌，门吱嘎一声开了，进来一个人，姚守义愣住了——这不正是从前自己救下的那老婆婆么？

见姚守义还发着愣，那老婆婆双手腰上一叉，气哼哼地说道："臭小子，还不谢过咱这个大媒人？三五年的承诺还作不作数？"原来，老婆婆叫映明月，是个浪迹江湖的奇人，不但单手能托千余斤的石鼎，而且飞檐走壁踏雪无痕的轻身功夫在江湖中首屈一指，数年前被几个仇家联手打伤，逃到射洪顾家庄，被顾秀娘救了。等疗好了伤，自感岁月蹉跎，年岁不饶人，便留在了顾秀娘身边。去年顾秀娘到金华山踏青，看中朴实憨直的姚守义，但自知两人身份悬殊，又早与史家子弟有婚约，终日黯然神伤。映明月知道后，便决定成全两人。先诈伤探看了姚守义的人品，然后使用手段，令顾秀娘进入假死状态，祭奠三天后，在惊雷声中，运用高来高去的轻身功夫将顾秀娘带出顾家。再潜进棺材铺，冲破屋顶带走棺材，连夜托到涪江上游，投到距离姚守义不远的江里。她算准心地善良的姚守义，不会让棺材随波逐流。果然，姚守义将棺材运回了家。又趁屋里人喝酒时，揭开棺盖，让顾秀娘躺进去。至于姚守义腰上的胎记，疗伤时便已知晓。这些平常人难以置信的奇迹，圆满促成了两人的结合。

姚守义纳头便拜："那承诺三十年不变，五十年不变，不，一百年也不变。"

琴 杀

南宋末年，射洪金华道观住着个叫青木的道士，据说已年逾古稀，却怎么看也只四十来岁样子。肤色红润如初生婴儿，满头发丝更是不见半点白霜。每日凌晨，他便在道观中的读书台上，摆上桐木古琴，焚上几柱袅袅的檀香，对着几个弟子，讲些琴学上的“按欲入木，弹欲断弦”“繁手淫声，太淡而拙”的理论，弹奏《潇湘水云》《广陵散》《雉朝飞》等曲子，并教导他们。这青木道人，琴艺上的造诣出神入化。据说，有一年隆冬天气，鹅毛般大雪正纷纷扬扬，青木道人在读书台上弹琴，弹的是自谱的曲子《春暖花开》，刚弹了小半阕，漫天飞雪竟不见了踪影，地上堆积着的厚雪迅速融化，那些堆在雪下的枯草，竟一点点绿了。半阕才过，读书台周围的椿树，哔哔剥剥生出了新节，爆出了枝丫。一曲终了，整座山苍松滴翠，绿草如茵，不知名的小花开得漫山遍野，几只冬眠的青蛙居然破土而出蹦跳开了。

这年，蒙古十万大军在大汗蒙哥率领下分三道入蜀。十个月里，蒙古军先后占据剑门苦竹隘、长宁山城、蓬州运山城、阆州大获城、广安大良城等，一时间，蜀中郡县大半落入了蒙古军手中，现今全部人马铁桶般围着合川钓鱼城。钓鱼城依着长江天坠，城高墙厚，城内粮草充足，蒙古军接连几个月猛攻猛打，却得不到丝毫进展。蒙古军便采纳谋士的建议，打算长期围着钓鱼城，等到城内弹尽粮绝时，再一举破城。数万大军驻在城外无所事事，那蒙哥别出心裁，竟摆出了个斗琴的擂台。说凡是南朝人能赢了蒙古琴师答雷，不但赏黄金千两绫罗百匹，而且愿意将大军撤出四川。如果输了，打擂者便要被割头示众。一时间很多琴师去斗琴，却没有谁胜过那答雷。一个来月，为此丧命的琴师竟有好几十个。

这天早晨，青木道人上了读书台，正要给弟子们讲解琴论，却发现他最喜爱的弟子俞臻不在，问其他弟子，却都埋着头支支吾吾不回话。一股不祥之兆立刻涌上青木心头，原来前些日子知道蒙古人摆出斗琴擂台时，他曾三番五次向弟子告诫，不要去理那茬，那是蒙古人设下的圈套。当时那俞臻虽然嘴上唯唯诺诺，脸上却分明有些不甘。自己心里正担心不已，没想到他真去了。“荒唐！荒唐！我反复告诫过，那蒙古人摆擂斗琴，目的不过是想折辱我南朝人。蒙古人垂涎我朝久矣，是以连年入侵，岂会为区区一次输琴而退兵？但凡去斗琴的，定然输也是输，赢也是输！”问那俞臻走了多久时，弟子答道：“昨日回去后他就启程了。”青木道人长叹一声，吩咐弟子把那樽桐木古琴装入琴匣，“为师这就往合川去，只希望俞臻他还没有和那蒙古琴师相斗。”说完，立刻换了崭新的青衫芒鞋，披星戴月往合川赶去，有弟子想要和他结伴，都被严词拒绝了。

第三天正午，青木道人到了合川蒙古军营地外，但见一张张牛皮缝起来的蒙古包，像河滩上的卵石，层层叠叠，漫山遍野。那些身形剽悍的蒙古兵丁，更像蚂蚁一样多。一大堆蒙古包中间，立着根高约十丈的旗杆，一侧挂着一面旗帜，上面用蒙文和汉文写着字，那汉文分明写的是“琴挑南朝”！没悬旗帜的那侧，一溜儿挂着几十颗头颅，定睛一看，最下面那颗头颅，怒目圆睁、死不瞑目的不正是俞臻么？青木道人忍住满腹悲愤，由蒙古兵丁引领着，进了一座占地足有两亩的蒙古包里。但见满头梳着无数小辫子的蒙哥，坐在正中一张吊睛白额虎皮椅上。帐篷中间有两张古色古香的琴凳,左边琴凳旁,一个同样梳着满头小辫子,神情倨傲、面皮白皙的中年人,便是那蒙古琴师答雷,一双宛如处子般纤细柔润的手搁在膝上。那答雷身后,还有顶盔贯甲的将领、衣着随意的谋士。右边那琴凳后,是几个穿着宋庭官服的人,一个劲朝向那蒙哥谄笑。

那蒙哥志得意满地道:“看来南朝真个是气数尽了,不但领兵打仗不是我族对手,就说这弹琴的玩意儿吧,是你们南朝几千年沿袭下来的啊,啧啧,仍然不堪一击!”青木道人冷冷一笑,不卑不亢说道:“贫道倒是记得,前些年有一个什么北方流族,被金人追逐,急急如丧家之犬,惶惶如漏网之鱼,后来低声下气恳请我朝出兵,击溃了金人,才有了立足之地。不知道大汗可知道这是哪族?”那蒙哥听青木道人这样一说,脸色一沉,就要大发雷霆,转念一想,却又嘿嘿笑了:“你这道士,本汗懒得和你逞口舌之利,有什么本事,现在就施展出来吧。”大手一挥,便令其立刻开始比试琴艺。

青木道人将琴匣放到琴凳上,示意蒙古兵端来一铜盆清水,仔仔细细洗了手擦干了,才将琴匣打开,恭恭敬敬将桐木古琴捧出,轻手轻脚放在琴凳上。然后低眉阖目,脸色沉静如秋水。随着蒙军元帅汪德臣一声“开始比试”,那答雷修长而干燥的手指立刻落到了琴弦上,琴声激扬而起,只听得音律艰涩厚重,抑扬顿挫起伏跌宕,半闭着目的青木道人,但觉身前身后到处是重重叠叠蜂拥而来的敌人,刀枪破空的啸响,马蹄疾叩的闷响,鸾铃摇晃的脆响,成千上万人的山呼海啸,全都聚集着向青木道人压迫过来。青木道人心中一动,暗道这蒙古人倒有些本事,心知那答雷盛气凌人,上场便奏出了《十面埋伏》。青木道人也不迟疑,挥指徐徐撩拨琴弦,弹的却是《空山鸟语》,琴声不急不躁,舒缓平和,那答雷一听,不屑地冷笑了。《十面埋伏》说的是楚汉争霸的故事,千军万马铁桶般将项羽围在垓下,是无法形容的大声势大气魄。《空山鸟语》不过是雅曲,与之相比,太过小家子气了。答雷心说:

“臭道士,我看你在千军万马中如何鸟语。”这样想着,十指如雨点般疾落到琴弦上,那气势又强了几分。

可片刻功夫,那答雷却感觉不对,自己气势磅礴的十面埋伏,却没能盖过青木道人的空山鸟语,先还只是偶尔听到几声鸟啼从金戈铁马中穿透出来,渐渐地那鸟声便多了,鸣音清脆的是叫天子,声调婉转的是画眉,像唱歌样的是喜鹊,像哭泣的是杜鹃……每一声鸟啼,都在空旷的山谷中激出回声。不知不觉中,那答雷似乎看到一片山谷,掩在山岚晓雾中,太阳正从东方冉冉升起,万道霞光中,整个山谷如同人间仙境,指间竟然不知不觉附和着青木道人,也去奏那《空山鸟语》了,等到醒悟过来,再续弹那十面埋伏,已经不成曲调了。

青木道人一曲奏完,帐篷里的人似乎都有些神思恍惚了。那汪德臣轻咳一声,道:“本帅以为,这一场双方各有千秋,该是平局。当然,为了比试公平,还得看看你们南朝的官儿裁判如何。董大人,你们以为如何?”立在青木道人后的几个人回过神来,当中打开了广安城、投降蒙哥的董文蔚赶紧说:“我等也觉得这场比试不相伯仲,不相伯仲哇。”汪德臣满意地点点头,又叫开始第二场比试。青木道人早知结局如此,也不分辩,轻拨琴弦,又弹奏开了。没想到,他弹出的竟有些像是《十面埋伏》,和答雷弹奏的不一样的是,入耳并不闻金戈铁马之声,先是风声如泣,雨声如诉,隐隐约约夹着闷雷声,渐渐雨声渐疾,风声厉啸,一股潮湿阴冷的气息竟若有若无地在帐篷中弥漫开了,所有人仿佛都笼在阴晦而又森冷的雨雾中。那答雷咬一咬牙,弹出了古曲《高山流水》,时而巍峨峭拔,时而洋洋洒洒,不大会儿功夫,还是给青木道人的琴音盖过了。

那蒙哥和汪德臣等人虽然对琴艺一窍不通,却完全被震慑住了,雨声愈来愈疾,风声愈来愈厉,帐篷内的各色人等,衣服袍襟全都纷纷扬扬,无风而动。激昂的声律中突然爆出异响,嘣嘣嘣……一连七声,犹如利箭脱离弓弩的啸响，直刺人身上，蒙哥等人面色一震，心脏几乎脱腔而出，那琴声却袅袅着停了下来，桐木古琴上，七根琴弦尽数断了。而那青木道人脸色如同金纸，嘴角上挂着几缕血丝，微微笑了笑，一头栽倒在断了弦的古琴上，气绝身亡了。看来，刚才一翻弹奏，已令他心力耗尽了。

好长一阵时间，那董文蔚第一个向蒙哥叩头祝贺："按弹琴规矩，弄断琴弦，便算是输了。这一场，是答雷大师赢了。"

蒙哥只觉得心中犹在翻江倒海，难受得不行。嘴里强打精神说道："这南蛮子，真有些本事啊！"却闭口不言谁胜谁负，只叫取消斗琴擂台，三军养精蓄锐，不日便要攻打钓鱼城。三天后，汪德臣带领一队蒙古兵，乘夜悄悄潜近钓鱼城，正要往城上搭云梯，原本灯火昏暗的城上一声梆子响过，万千火把一时燃起，照得城下如同白昼，滚石檑木一阵猛砸，将城下蒙古兵砸得哭爹叫娘。城中守将看到汪德臣骑着高头大马督阵，取来一张硬弩，搭箭便射，"嘣"的一声响，那汪德臣便"哎呀"一声跌落马下，等左右护卫抢救起他来，已出的气多，进的气少了。主帅落马，蒙古兵不敢恋战了，丢盔弃甲逃回营中时，那汪德臣已经死了。仔细一检查，奇怪，汪德臣全身完好无损，根本没中箭啊。得知汪德臣的死讯，蒙哥又惊又怒，发誓要在十日内攻下钓鱼城。

这天，蒙哥带领着一帮手下，到各营视察。有一营士兵正在练习射箭，蒙哥便和众人停下来看，但见五十个士兵一字排开，拈弓搭箭，对着百步外的靶子，随着百夫长一声鼓响，一阵嘣嘣弦响，箭离弦而出，却没人去理会中靶了没有。原来蒙哥、董文蔚等六人，竟在那弦响声中，"咕咚咚"倒下了，等众人惊慌失措地救助起来时，六人和那汪德臣一样，都是出的气多，进的气少了。蒙哥服下颗价值约五千两黄金的"养心丹"，又多活了几天，当即命全军撤退，后来到金剑山温汤峡（今重庆北温泉）时，还是死在了病床上。而董文蔚等人，却没那么幸运，都在钓鱼城下便翘了辫子。蒙哥到死都没弄明白,自己是死于什么原因。

其实那青木道人最后弹奏的那曲子是自己出发时才谱的,就叫“断肠之音”,弹奏之时沿着琴弦发出音功,琴弦断,琴弦所向的人心脉便会重创,虽不能立刻置人于死地,却像惊弓之鸟般,听不得类似琴弦断了的嘣响。后来蒙古人坐了天下,多多少少知道了些原因,可又觉得被琴音所杀太丢脸了,于是编撰《元史》时,说蒙军久屯于钓鱼城下,时值酷暑季节,蒙古人本来畏暑恶湿,加以水土不服,导致军中暑热、疟疠、霍乱等疾病流行,尊位大汗的蒙哥,便死于痢疫。

第二辑

午夜兰花

第二辑

义丐报恩

雍正年间，距洪城十里外，有个夏家岩子村。夏家岩子村里，有个丁姓人家，光看高门大宅前那副对联，便让人直啧舌头。对联写的啥?“父子同榜仕，文武二举人”。这丁家，老子叫丁尚文，专读道德文章，儿子叫丁鹏举，喜欢舞刀弄枪。前两年父子俩同科考试，一个在文场一个在武场，都中了举人。虽然没委派啥官职，但在洪城，也是显赫一时。这年腊月十八，丁鹏举娶李桐沟姚孝廉的女儿姚秀娘，自然排场十足，风光得很。

姚丁二家，本是世交。丁鹏举陪着父亲去姚家时，见到过姚秀娘。姚秀娘年方十八，面若桃花，肤如凝雪，像画儿里的人一般。打两家互换帖子订下姻亲，丁鹏举的嘴便笑得即使是梦里也没合拢过。现在好不容易盼到娶亲的日子了，他骑着高头大马，不时回头往身后的花轿张望，想像花轿里如花似玉的人儿，整个人更是像醉了酒般，晕晕乎乎的了。迎亲队伍来到王家山脚下，两条道路依着山势分向两边。正要打马走上大道，突然一个生着癞痢头的年轻乞丐，窜出来拦在娶亲队伍前：“丁少爷，你们走小道吧。”

这两条道，一条宽敞平坦，一条狭窄曲折。走平坦的道，两三个时辰，便可到家，不过得从罗家寨下经过；而走另一条呢，得绕个大圈子，多花上小半天功夫。正在兴头上的丁鹏举,冲乞丐吼道:“让开吧,少爷我走哪条道,用得着你操心?”

乞丐一脸焦急,劝阻说:“罗家寨上那帮匪徒……”话还没说完,便被劈头盖脸一顿马鞭打断了。“少爷我武举出身,还会怕了几个毛贼?滚开吧你!”吼令人将乞丐撵走,然后拨马走上大道。

罗家寨聚集的那帮匪徒,别人怕,意气风发的丁鹏举倒巴不得匪徒现身,好在新娘子面前显显身手呢。刚走到罗家寨山脚下,一声梆子响,树林后涌出群手持刀枪的人拦在道中。丁鹏举一提马,吼道:“大胆毛贼!真敢挡本武举的道?”

匪徒轰一声全笑了。为首面色蜡黄的汉子,做出一脸惊诧的样子。“原来新郎官是武举啊!咱们倒失敬了,没啥东西相送,送你几响炮仗如何?”说话间拉开手中泥胎大弓,拈着弓弦,朝着丁鹏举便虚放三下。弓弦震颤,真的发出爆竹爆炸般的噼啪声。每一声爆响,便有道劲风直袭丁鹏举,第一响射飞头上大红冠,第二响射飞耳旁英雄结,第三响射飞挂在胸前的红花。刚才还趾高气扬的丁鹏举,一下子面色如土。对方只是发力虚放,已远比自己放箭厉害啊。那汉子一声大笑:“滚吧!”随着弦响,马臀挨了一下,那马一声厮鸣,驮着失魂落魄的丁鹏举,放开四蹄就朝向山口飞奔而去。那些轿夫和抬着嫁妆的,全部喊叫一声,四散奔逃了。

姚家准备的嫁妆极丰厚,足有数十抬。再看轿里花容失色的姚秀娘,泪珠满面,更如一朵梨花带雨般娇艳。匪首雷光义呵呵大笑,正准备大张宴席开怀畅饮,那癞痢头乞丐,却在守寨门的匪徒带领下进来了,“扑通”一声跪在面前,哀求道:“求各位英雄了得的爷,放了姚家小姐吧。“

雷光义笑开了:“打下的鹞子,还能让它飞了?姚家小姐花容月貌,美人嫁英雄,正合适嫁咱们二当家。龟儿子,你是哪个?”那乞丐说,他叫陈三。前些天在姚孝廉家行乞,姚家的人不但不施舍,反倒放恶狗将他咬得遍体鳞伤。眼见快葬身恶犬之口,被姚秀娘得知了,不但吼住了恶狗,并给了他馒头稀粥,还给他弄药敷伤。说到这里,陈三一个劲磕头道:“常言道,受人点滴之恩,定当涌泉相报。各位大爷全是仁人义士,就放了姚小姐吧。姚丁二家,都是有钱人家,只要姚小姐得以保全,他们还不报答你们?”

雷光义一撇嘴,冷笑道:“别给老子们戴高帽子,老子们做的是打家劫舍的勾当,不是啥仁人义士。再说了,这姓姚的要是个男子,姚丁二家倒可能出钱。嘿嘿,一个女娘进了匪窝,他们会出钱?想也别想。你龟儿子想有恩报恩,算是个人物,可要咱们放人,总得拿点本事让大家看看吧。”

拿什么本事让大家看?陈三犯了难。当他看到雷光义手里捏着旱烟袋时,顿时有了主意。站起身来,伸手从屋中炭炉里拈出个燃得红彤彤的炭团,皮肉“呲呲”着声,立刻散发出一阵阵焦臭。陈三面不改色,走到雷光义面前,将炭团凑到烟管前,恭声道:“大爷你吸一管吧。”雷光义脸上露出一丝不易觉察的笑意,像有意与陈三为难似的,慢吞吞往烟锅里填烟丝。陈三夹着炭团的两根指头,随着“呲呲”的皮肉炙响,渐渐变成了黑色。豆大的汗珠,一滴滴从额角滚落,可他连眉毛也没皱一下。雷光义呵呵一笑,烟管一挑,将炭团从陈三指间挑落。“你龟孙算个人物。老二,人是你抢来的,你说咋办吧?”

那个脸色蜡黄的汉子,上前一巴掌拍在陈三肩上,“大不了咱往后再抢一个。这人我要不放,往后兄弟们都会瞧不起我呢。”陈三一脸欣喜,躬身要谢,汉子却板着脸说:“你比那什么武举龟孙强多了。这姚家小姐我做主,嫁给你当老婆。往后,你就跟咱们当山大王!”这话一说,匪徒们全齐声赞同,不顾陈三苦苦推辞,真把他一番装扮,逼着和姚秀娘拜了堂。姚秀娘哪里同意,却被束缚着手脚,抬进了洞房。

陈三进了洞房,见被捆缚在床上的姚秀娘,双目垂泪,一脸凄楚,心里好生不忍,忙过去要解她身上绳索。姚秀娘还以为他要施暴呢,又气又羞,猛地一挣，坐了起来，圆睁着双眼，恨声道：“你要是碰我一下，我化着厉鬼也不放过你。”

陈三一声苦笑，跪在地上，发誓说：“皇天在上，姓陈的对姚小姐你只有感恩之心，若有半点不轨之心，定叫我千刀万剐，不得好死！”说着掏出把羊角小刀，挑断绳子，然后将小刀递进姚秀娘手里。“这把刀，你留着防身吧。但你切不可自寻短见，只要一有机会，我定会将你完完整整送出去。“说着在地上搭了个地铺，和衣躺下。姚秀娘愣怔良久，千头万绪，却理不出个头。只好紧捏着小刀，蜷缩在床角，半睡半醒挨过一晚，心里一直在万千次呼唤，丁鹏举能带着人来，救自己出这虎穴狼窝。

接下来过了数天，姚秀娘伤心得两眼都肿成了大水泡，丁姚两家却全没有半点消息，好在陈三对她礼敬有加，全没有半点非分的意思，只是强劝着自己，坚持要吃东西，保重身体。那帮匪徒，也没骚扰过她。时间稍久，她心里竟将面目丑陋的陈三看作着兄长一般依赖了。

这样过了一月有余。一天夜里，陈三被雷光义叫去一起喝酒。几杯酒下去，陈三只觉浑身燥热，丹田处像堆着无数块燃得正旺的炭，不由大吃一惊：“大当家，这酒？”

雷光义呵呵一笑，指指酒杯说道：“酒没啥啊。只是酒杯上，涂过些催情春药。难为你龟儿子，守着个如花似玉的娇娘，居然能不动欲念。嘿嘿，咱好人做到底，姚家女子的饭菜里，也加了药呢，好帮你生米煮成熟饭。”说着吩咐人，将叫苦不迭的陈三送回房中，然后一把大锁，“咔嚓”一声锁上了门。

脸目赤红的陈三进屋时，只见那姚秀娘双颊红如火炭，一边呼热，一边一个劲扯身上衣衫，露出雪白粉嫩的肌肤。一见陈三进屋，竟娇喘连连，主动投怀送抱。陈三只觉脑里轰一声响，整个人像被烈火团团围住，立刻要将他熔化了般。他猛地伸出手，去抓姚秀娘肩膀，看着手已快抓在肩上，那手却不由自主偏离了方向,“啪”的一声重重拍在姚秀娘脸上,将失去理智的姚秀娘打晕在地。跟着将左手食指塞进嘴里,咔嚓一口,竟将指头硬生生咬断。剧烈的痛楚,令他快被熔化的神智重新变得清醒。这时,锁着的门被人一脚踹开了,满脸怒气的雷光义进门就给了陈三一记耳光。“入你个先人板板。老子还没见过你这样的人呢。滚滚滚,带着这个女人滚下山寨!”

陈三不敢相信自己的耳朵,他扑通声跪下,磕了两个头,然后将断指草草包扎后,背起姚秀娘便往山寨下走。走了好远,听到黄脸二当家在身后喊:“陈兄弟,咱们欢迎你回来!”

从罗家寨下来,陈三惶惑了。心知在天亮前,要是不将姚秀娘安顿下来,白日里姚秀娘一个人走,自己不放心,而自己跟在一道却又大不方便。是将姚秀娘送到丁家,还是送回姚家?权衡两边距离,再看看夜色,拔腿便往丁家赶。

破晓时分,疲惫的陈三终于来到了丁家大宅前。咚咚叩响院门,开门的家人,一见气喘吁吁的陈三和神情委顿的姚秀娘,立刻大惊失色,将两人让进屋,赶紧去叫醒了丁尚文父子。丁尚文出来便向陈三一抱拳:“阁下是罗家寨英雄?”丁鹏举没好气地说:“是那个叫我们改道的乞丐。”一面叫人将姚秀娘扶进里屋。

姚秀娘已安然送到,陈三起身欲走。丁尚文哪里答应,长揖到地:“阁下从匪巢里救下秀娘,老朽感激不尽,哪能如此就走?”赶紧叫人给陈三打水洗脸,并安排早饭。陈三奔波一晚,也实在疲惫不堪了,见丁尚文盛情难却,便留了下来,一边断断续续说起山寨里的事。丁尚文脸上敬重之色愈来愈浓,连声赞叹,说陈三不愧为当世义丐。说话间,丰盛的宴席便摆下了,架不住丁尚文殷勤劝酒,不多一会,陈三便酩酊大醉了。

等陈三醒来时,只觉一身又疼又酸,猛地一挣,却根本动弹不得。原来自己被五花大绑着。再一看,头侧一扇小窗,投下缕缕阳光,照在身上。自己身下，铺着的却是些乱柴草，分明置身在一间柴房里。这让他不由愣住了。回想起丁尚文对自己礼敬有加、殷勤劝酒的样子，他明白了，这是丁家人对他施了手脚。只是他不明白，自己千辛万苦救出姚秀娘，丁家的人怎会如此对待他？

好容易挨到晌午时分，柴房门轻轻被推开了。只见脸色凄艳的姚秀娘，蹑手蹑脚进了屋，用牛角小刀割断捆绑陈三的绳索，然后垂泪道："陈大哥，多谢你搭救之恩。丁家父子不会放过你，你快逃吧！"陈三不敢相信，丁家父子为何会恩将仇报，他站起身来就想出去找丁家父子理论，不曾想丁家父子已出现在门口。那丁尚文指着姚秀娘，朝丁鹏举道："鹏举，姚秀娘要是没跟这乞丐有啥苟且，怎会来放他？而这乞丐，又怎会不顾性命，从匪窝里救她出来？"丁鹏举满脸杀气，拿着柄单刀，咬牙切齿逼近姚秀娘道："你这贱女人，枉我对你一往情深！"

陈三大惊，纵身护到姚秀娘面前，"她是你们家媳妇啊，你们也想下毒手？"丁尚文冷哼一声道："一月前丁姚二家都已发丧，很多人都看到，姚秀娘为保全名节，在罗家寨下自尽了。鹏举，还等啥？"陈三只觉肝胆俱裂，这时，锐响声起，跟着是单刀落地的呛啷声和院中黄脸二当家的大笑声，滚热的泪一时间充盈了陈三和姚秀娘双眼……

无影花贼

洪城出了个自称“偷香客”的采花贼，每次作案前，都会在城里显眼处，明目张胆留下“某月某日午夜，要到某家窃玉偷香”字样的采花帖。尽管被指明的人家用尽种种方式警戒，可这偷香客好像不但有飞天遁地的功夫，还有未卜先知的算计。那些被他看中的女子，任你藏在哪里，有多少人戒备，一到采花帖上标明的时间，还是无一幸免。官府和苦主每次都会悬赏捉拿他，可从犯下第一桩案子，转眼七年过去，被害女子已达二十余个，却连他是高是矮是胖是瘦都不知道。

城南周记绸缎庄周掌柜有对双胞胎女儿，牙牙学语时便订下了姻亲。这年到了出阁的年龄，姐姐周秀眉定于冬月十五出阁，妹妹周秀娥定于腊月初一出阁。冬月初七一大早，周掌柜刚打开绸缎庄大门，周秀眉未来的公公段盐监便气急败坏地闯进门来，手拿幅白绫，说是在盐监局大门上揭下的，一看，分明写着“周家有女初长成，冬月十四夜偷香”。

周掌柜脸色大变，险些跌坐到地上。出嫁的日子，是周掌柜和亲家悄悄议定的，因为那偷香客动手都是在女子出阁前，原指望不张不扬把婚事办了怎么还是让偷香客知道了？

段盐监铁青着脸，出了个主意："我在涪城任职时，与圣水寺志远和尚有些交情。这志远和尚师承少林，有一身非凡武功。看来要对付这个花贼，只有请动他了。"事不宜迟，立刻备马去了涪城一趟。三日后，志远和尚便来到了洪城。

志远和尚身高不过五尺，老态龙钟皱纹阡陌，走路颤颤巍巍，说话有气无力。出去迎接的周掌柜，像是被冰水劈头盖脸浇了一通，暗自将段盐监责怪开了。心说你在涪城任职，都十几年前的事了，那时候也许这和尚本事了得，可岁月不饶人啊，看这样子，别说去和那来无影去无踪的花贼拼斗，怕是风稍大点，也会被吹得跌几个筋斗。

这念头在心里一转，脸上的表情就有些不尴不尬了。抖抖索索走在身边的志远和尚，突然膝盖一软打了个趔趄，跟着头前身后竟跌了出去，"咚"的一声撞在了道旁的槐树上。足有三人合抱粗的榆树，顿时哗啦啦摇晃开来，榆钱簌簌作响下雨般纷纷飘落。志远和尚面露愧色，低声道："唉，老不中用了。"随着说话声，人慢慢站起，只见那榆树干上竟留下了个头颅大小的窟窿。再看志远和尚，青白多皱的头皮完好无损，仿佛啥事也没发生过。这时志远和尚一抬手，从雨点般的榆钱中抓到样东西，原来是树顶鸟巢里的幼鸟，在摇晃中跌了下来，说声"惊扰了"，也不见怎么动作，瘦弱的身子突地向上窜出，眨眼间已在四五丈高的树冠上，将幼鸟放进四五丈高的鸟巢里，才飘然落地。

看到志远和尚显露的这般本事，周掌柜又羞又愧又喜……

转眼到了冬月十四晚。志远和尚和周掌柜，带着数十个家人，提刀握枪，藏在花丛假山后。眼看午夜将过，除了偶尔从院子上空飞过只呱呱啼叫的夜鸟，根本不见有任何风吹草动。周掌柜舒了口气，暗想那花贼定是被志远和尚给镇住了，不敢现身时，突然听到房里发出声暧昧的轻笑，志远和尚猛地蹿起，鸟一般扑进闺房。周掌柜紧跟着进去，却见周秀眉衣衫不整地晕睡在床榻上,斜盖的锦被上用胭脂写着两行字,“我乃窃玉偷香客,兴游香闺归去来。”不多一会,越窗而出追踪的志远和尚,面带愧色地回来了,说连偷香客的影子也没追到。

得知消息后,段盐监面也不露了,只托人送来份解除婚约的文书,志远和尚也不辞而别。正在周掌柜欲哭无泪时,城里又出现了采花帖,言明下一个目标,就是周秀娥。周掌柜又恨又怕,却又无计可施。病急乱投医,派人四处张贴告示,说谁要是能将花贼偷香客捉拿,赏银五千两。

告示虽然发出去了,周掌柜心里也知道,五千两赏银虽然诱人,可像志远和尚那般本领的人都对花贼束手无策,谁还敢揽这档子事? 果然,告示贴出五天了,也没见个敢来揭告示的。

第六天头上,绸缎庄走进来个年轻人,施了一礼道:“周掌柜,我来揭那告示!”

抬眼一看,年轻人身形伟岸,腰悬长剑,轮廓分明的脸上全是刚毅果决的表情,仔细一看似曾相识啊。跟着想起,年轻人是隔壁“沈记钱庄”的少东家沈玉。这沈玉本是个纨绔子弟,曾纠集城里一群少年,以洪城已故诗人陈子昂的字为名,成立了个“子昂诗社”,成天东游西荡游山玩水,说是发扬子昂遗风,采风抒怀吟诗作赋。七年前突然离开洪城,现在难不成学就了什么非凡本事?

见周掌柜一脸的狐疑,沈玉知道那是对自己不相信,也不作声,手一探长剑呛然出鞘,跟着一抖手,一道绚丽的剑花划过,柜台当中那匹绸缎面子上已现出好些个孔。随即抓住绸缎一角,信手一抖,那匹绸缎立刻列列作响,如同一面大旗般铺展开来,无数大小不等或圆或方的绸缎碎片,犹如翩翩飞舞的蝴蝶满屋飞扬。展开的绸缎面子上,那一剑划过,竟已镂空出现五个斗大的字,“誓杀偷香客”。刚把几个字看清,手里绸缎向外一挥,破空声中,那些绸缎碎片被激得如离弦的箭般嗖嗖有声,向着四周激射而出。跟着沈玉脚尖一点，飞鸟般腾空掠起，双手齐出快若闪电，眨眼间已在屋内荡了个圈，落地时，数百片碎绸缎全被捉在了掌心。

周掌柜看得眼花缭乱目瞪口呆。他怎么也想不到，七年不见，沈玉已经练成了如此出神入化的武功！好一阵才回过神来，脚一软就要跪下，嘴里带着哭腔道："沈大侠，沈贤侄，你可得帮我啊，只要能保秀娥平安，我愿分一半家产给你。"沈玉扶住他恨声道："我只想手刃花贼，并非贪那赏银！"

为了避免打草惊蛇，沈玉悄悄住进了周家。因为对那花贼形象一无所知，决定找周秀眉谈谈。她是受害者，跟花贼有近距离接触，说不定知道些特征。一见周秀眉，沈玉就忍不住心中一阵痛楚。七年前，洪城除了他组织的"子昂诗社"，还有城北段大户的女儿段彩衣，与一帮官宦商贾的女儿组成的"锦绣诗社"，当时十一二岁的周氏姐妹也是成员。那时的段彩衣，和现在的周秀眉一般秀美婀娜。几次私下接触，两人刚悄悄订下终身，这时偷香客现身了，第一个害的便是段彩衣。满怀屈辱的沈玉悄然离开洪城，发誓要学回本事雪耻！这次回来一打听，才得知段彩衣在他离开后也失踪了。对偷香客的恨，不由得又加了几分。没想到周秀眉一见是他，先是一愣，跟着别过头，任他问啥也不答话了。

冬月二十九日夜，是偷香客指定的日子。这一晚周家院子早早熄了灯。沈玉乔装成周秀娥的形象，睡在她闺房里。屏息静气等到午夜时分，却听到院外一阵喧哗，隐约是周掌柜在哭嚎。心里叫声不好，一跃而起冲出屋子。刚进院里，便被周掌柜一把扯住了衣襟，"好你个守株待兔哇，还我女儿清白还我女儿清白……"

沈玉脑子"嗡"一声响，惊出了一身冷汗。为了伏击花贼，他将周秀娥藏匿在自己家里，由周掌柜带人守着。自己假装周秀娥"守株待兔"，这主意只有他和周掌柜知道，那花贼莫非真有未卜先知的本事不成？赶回家里一看，愣在了当场。为防万一，他在周秀娥藏身的小屋外，悄悄罩下了张网，只留下个可以进出的门洞。这网是江湖中有名的“天罗地网叮当响”,那网线比蛛丝还细,能耐刀砍火烧,网眼细密只婴儿拳头般大小,挂满一碰便泠泠作响的小铃铛,别说是闯进个人,就是飞过只蚊子,也会弄出些响动。仔细一检查,网线毫无损坏,再一问守护的人,都说一直眼都没眨地盯着门洞,根本没发觉任何异常,只听到屋里发出轻声冷笑,赶进屋时,发现周秀娥已被凌辱。沈玉只觉脊背一阵阵发凉,难道那偷香客是邪魔鬼怪,或者能隐身遁形?沈玉铁青着脸在院里呆立了好久,突然疯了般重重掴了自己两巴掌,跟着失魂落魄地冲出院子……

两个女儿都被凌辱,周掌柜如丧考妣,原以为很快会等来解除婚约的文书,没想到周秀娥的未来丈夫闻讯赶来,尽管神情哀伤,却言辞恳切地表示,尽管周秀娥受了凌辱,还是会如期迎娶,毕竟她是个受害者。见未来女婿有如此肚量,周掌柜既悲又喜,立刻张罗起婚事来。

得知未来夫婿的态度后,周秀娥也是既感动又欢喜。征得周掌柜同意,决定到“水月庵”上香感谢菩萨。在家人护送下到了城外琵琶山“水月庵”,上过香燃过烛后周秀娥来到后院,后院里只有个正在扫地的女尼,听到脚步声,头也不回地道:“秀娥,恭喜你找到个好夫婿!”

周秀娥满面含羞,正待回话,突然发觉身后多了个人,竟是满脸憔悴的沈玉。看着那女尼的背影,沈玉的脸色变得灰白了,颤声唤道:“彩衣,是你?”

那女尼一听声音,瘦削的肩膀微微颤抖,跟着镇定下来,毫无表情地道:“公子认错人了。”

“是你。我知道是你。我也知道,谁是偷香客了。”说着指定女尼和周秀娥,“你是、你也是、那些被偷香客‘害’过的女子,其实都是。”原来,周秀娥被“害”后,沈玉对布下的“天罗地网”居然完好无损也没发出任何声响大惑不解。联想到被害女子,惊觉有两样相同之处:一是都是依父母之命媒妁之言要出阁，二是大多为“锦绣诗社”的成员。而被辱失踪的段彩衣，曾被指腹为婚给金华知县之子。“偷香客”第一次现身，正是沈玉绞尽脑汁，为怎么解除段彩衣婚约头疼的时候……

那女尼不再否认，只哽咽着道：“你明白得太迟了。当初我拼着身败名裂，杜撰出个偷香客，终于得以解除婚约，没想到你已不告而别。你嘴里说学艺报仇，其实心里是不愿接受我失去贞洁的‘事实’！”说到这里，颤抖的声音里饱含着悲愤与无奈，“我们这帮姐妹，都是少不更事时便由父母做主许配给门当户对的权贵之家，不论未来夫婿聋哑善恶也毫无选择的余地。想要有自己的幸福，只好串通起来，让杜撰出的偷香客一次次出现……”

这几天里沈玉已经了解到，遭遇偷香客的二十来个女子，除了为数不多的几个被夫婿接纳，其他全被退了婚，大多嫁进了小户人家，可生活得自由又幸福。沈玉满脸悔恨地跪到段彩衣面前，流着泪恳求：“彩衣，原谅我吧……”段彩衣叹息一声，“窃玉偷香客，考情试金石。”跟着身子往旁一让，头也不回走向内室，边走边道：“你走吧，这里只有法号明慧的佛门弟子，没有段彩衣了。”沈玉伸手想去挽留，“吱啦”一声，手里只扯下块破碎的衣袂……

蛊　毒

洪城这地方，盛产棉麻蚕桑。每年立秋前后，外地客商便顺着涪江上溯，络绎不绝来到洪城，收购粗纺的棉麻布、缫好的蚕丝绽。这年，汉口名头很响的何记绸缎庄掌柜何九，亲自领着三艘货船来了。在重庆朝天门码头夜泊时，遇到个带老家人的公子哥儿，叫王子安，自称是闽南人，仰慕峨眉秀甲天下，青城幽冠众山，想要搭个便船到洪城，再从陆路到峨眉。何九看那王子安二十出头，举止有度谈吐不俗，心里很是喜欢，当即便答应了。

到了洪城，放眼一看，何九心里就嘀咕开了。码头上一溜儿排着各作坊的仓库，仓库前人来人往热闹非凡，唯独自己定点的城北段家仓库前，冷冷清清人影也不见一个。近前一看，两扇大铁门锈迹斑斑，角落处张挂着蜘蛛网，分明好久没开启过了。何九就到旁边仓库前打听，那里的人原本认识他，摇头叹息开了："何掌柜，你还不知道啊，段家出事了！也不知撞了啥邪，今年夏至前后，一家人阴一个阳一个，都染上了怪病。有名气没名气的郎中，少说请了百来号，也没诊出个究竟。这不，死了两个了，其他的都病恹恹等死，哪还有心思打理作坊？"何九纳闷不已，决定先去探望段家掌柜段绍棠，回头向王子安告别："从这里雇车到峨眉，三天准到。王公子，咱们就此别过了。”王子安道：“游山玩水，不急于一刻。不如我陪你先去看望段掌柜，然后我来做东，答谢这几日你对我的照顾如何？”何九想了想，应承下来，也不再言语，带着他直奔段家。

来到段家，大门虚掩，也没有人看门。院内杂草丛生，鸡不闻狗不见，死一般寂静。叩了好一阵门，才出来个头发花白佝腰偻背的老仆人。何九认得，是老家人段福。段福将两人让到客厅坐下，蹒跚着进去禀报了。约摸过了半个时辰，段绍棠被段福和堂弟段三一左一右扶着从里屋出来了。何九一看段绍棠的样子，几乎失声叫了出来。原本胖得像弥勒佛般，红光满面、意气风发的段绍棠，如今面色青紫，眉焦目枯，瘦得像根柴根，那肚子却像一面大鼓，高高隆起。段绍棠看出了何九的异样表情，苦笑了一声：“唉，我这模样，吓着何兄了。”那王子安打段绍棠一进屋，便目不转睛肆无忌惮地盯着段绍棠看。段绍棠只当他稀奇自己的怪模怪样，正满腹凄楚心灰意懒，也无心计较。段三却有些恼怒，重重咳了一声，粗声粗气地问：“这小哥是？”“小友王子安。”何九发觉王子安的失礼，正要示意，王子安上前一步，施了个礼：“段掌柜，你初患这病时，是否咽喉肿胀，吞咽困难？稍久便觉得胸中如有积物，咳嗽时长，胸腹鼓胀，肢体麻木？”段绍棠有些诧异：“小哥如何知道？莫非对玄黄之术有造诣？”“玄黄之术我知之甚少，旁门左道的却了解一些。”这话一出，众人都惊奇不已，齐声问道：“此话怎讲？”王子安也不回答，只管继续问：“段掌柜是否有吐泻频繁、口腥额热、大便秘结的症状？”段绍棠连连点头，“小哥真神人也，一眼便看出了症状。”王子安回头吩咐取些新鲜黄豆来，让段绍棠嚼上七八粒，又问：“可有腥臭感觉？”“没有，像嚼朽木头。”又吩咐煮了只鸭蛋，剥去蛋壳，在一头插了根银针，让段绍棠将插了银针的那头衔于口中。段绍棠又惊又疑，依言照办了。过了一个时辰，取出一看，衔在口中那方向的蛋白，全都变成了墨一般黑。王子安失声叫道：“嚼黄豆不知腥臭，唾液能染黑蛋白。果然是蛊毒！”话一出口，几个人都愣了。蛊毒只在传说中听过，说是种神秘而邪恶的巫术，谁都认为那是子虚乌有的神话，怎会真的有？再看王子安，一脸凝重，煞有介事，一点也不像信口开河。

王子安又叫来所有染怪病的家人，他指着嘴唇乌紫、目光闪烁的段夫人道：“这应该是害神蛊，中毒者神昏性燥，口腥额焦，阖目便见邪鬼流窜，入耳尽是鬼蜮异声。”指着一身黄肿，可见皮肤下脉管的段大公子道：“这应该是中了肿蛊之毒，腹胀肚鸣，两耳常塞。”……愈说到最后，段绍棠愈是心惊肉跳，家人的症状，全都一点不差！看来真是蛊毒了。只是这些蛊毒，却又是如何染上的？王子安道：“蛊毒不同于瘴气瘟疫，乃是养蛊人所施。看段掌柜全家，症候虽然深浅不一，但所中全是生蛇蛊、害神蛊、肿蛊、疳蛊等险恶蛊毒，短则三月，长则一年，都会要人性命。这下蛊人，是要将段掌柜一家一年内赶尽杀绝啊！”那段三是个火爆脾气，立刻嚷嚷开了：“我堂兄是规规矩矩的生意人，一向乐善好施，是哪个王八蛋竟要害他？堂兄，你回想回想，看看接触过什么异常的人没有？我定要将他碎尸万段！”王子安接口说道：“蛊毒无形无体，施毒极易。最平常的是同席饮食，通过让酒请菜施放。境界高的，飞眉弄眼，举手投足，甚至数步之外，也能轻易下毒。段掌柜一家，定是后一种人下的毒，不可能留下蛛丝马迹。”何九插话道：“当务之急，是解段兄的毒。王公子，你可有办法？”王子安皱着眉头深思了会，取过纸笔，写下个药方，却是雄黄十钱，蒜子二十钱，菖蒲十五钱，“将这三味用开水煎服。”段三一看，不相信了，蛊毒既然那么厉害，这么简单的方子能成？王子安解释说：“养蛊之术，选端午节正午阳气最盛时，将蜈蚣、毒蛇、蛐蜒、蚂蚁、毒蜂、蝉、蚯蚓等百种虫子，同置于一瓮中，密封三年，待到端午节同一时辰开启，必有一虫吃完虫子，成为蛊。雄黄、菖蒲本为端午避邪所用，而蒜子性燥且辣，都是蛊所忌的。”

等药剂煎熬好端来一看，色如墨汁，异味扑鼻，令人作呕。段绍棠治毒心急，也不计较，咕咚咕咚一气喝下，不一会工夫，那鼓胀的肚皮里发出水烧沸了咕咕跳动的声音，竟鼓起无数婴儿拳头大小的包来，跟着面皮抽搐，瘫软在椅上，痛苦不堪地呻吟："难受死我了……"王子安将手按在段绍棠肚子上，探了一会，失声叫道："我判断错了，好恶毒的养蛊人，竟用自己的血养蛊。"原来，那蛊养成后，一般养蛊人都是用洁净的牲畜血液喂养，而用自己的血喂养的，只有自己才能化解。"解铃还需系铃人，看来，只有找到那下蛊人，才能解了蛊毒。"段三不服气地嘀咕："你不是说下蛊人不会留下蛛丝马迹么，又如何找得到?"王子安道："蛊无形无体，最忌灰尘脏垢，喧哗骚动，所以养蛊之处，一定清洁幽静。可在城内外查探，如有过于清洁，而环境又清幽的，必是养蛊人住所。"事已至此，也不敢再有迟疑了，几个人立刻出发，分成两拨，由王子安和段三带着，出去查找。

从段家出去不远，就是德胜街。那地带是洪城的瓜果市，沿街摆着成筐成筐的瓜果蔬菜，买卖的人都多，讨价还价吆喝叫卖的声音，沸沸扬扬。王子安正向两边的房屋张望，对面走来个颧骨高耸、两腮尖瘦的中年人，提着筐蔬菜，低着头，口里念念有词，像是在算筐里的蔬菜和支出的钱有没有出入。几乎要撞着王子安了，那人才惊觉，猛地刹住脚步，抬头看看王子安，歉意地一笑，眨巴了下眼睛，侧着身子过去了。王子安心里突地一跳，有种异样的感觉。还来不及回味过来，但觉双目犹如针扎，钻心地疼。片刻那疼痛扩散，整个头颅，像有无数把钢锯，吱吱嘎嘎胡乱向下锯。"呦"一声，王子安扑倒在地，抱着头颅，羊癫疯发作了般滚来滚去。一直跟在王子安身后的老家人，惊慌失措，一边去扶，一边一迭连声地问："少爷，你这是怎么啦? 你这是怎么啦?"王子安乌紫的嘴唇不停蠕动，分明想要说什么，可只听到牙齿磕嘣直响，却是半句话也说不出来，只哆嗦着手，朝来的路上指。老家人只当是叫他回去呢，忙低下身子，将王子安托到背上，然后飞一般朝段家跑。等跑到段家时，才发觉王子安出的气粗，进的气弱了，不由大声哭嚎起来："公子，你这是怎么啦?"哭声惊动了何九等人，出来一看这情形，无不大惊失色，赶紧将王子安抬到屋中，刚刚放下，原已气若游丝一动不动的王子安，突然身子一曲，蚯蚓般动弹了下，跟着裸露出来的皮肤上，那些看得见的脉络，一齐胡乱扭动向上凸起，每一根脉管里，似乎都有无数粒正在滚动的珠子，一齐朝向胸脯处汇集。何九大着胆子，刚解开王子安胸膛上的衣裳，一声闷响，胸脯处炸开道豁口，腥臭乌黑的血，溅了何九一头一脸。一屋的人哪见过这样的情景，全都吓傻了。过了快一炷香功夫，那老家人才悲号出声："少爷啊……"

正在这时，一个人冲进屋内，原来是德胜街遇到的那中年人。看到血污中的王子安，一脸的惊惶，扑到王子安身上，痛哭流涕："我的儿啊，我的儿啊……"屋里人刚刚从惊惧中醒过神来，这会儿全都懵了，这是怎么回事啊？中年人也不理会旁人，只死死盯着王子安尸体，状若疯癫，一下一下狠狠抽着自己嘴巴，每抽一下，脸便肿胀一分，嘴角便涌一股血："儿啊，我以为远远躲着你，便能逃过那诅咒，没想到阴差阳错，竟由我害死了你。我该死，我该死啊……"抽着抽着，只见那中年人双眼暴突，瞪得像两只铜铃，皮肤上青筋起伏不定，像有无数根蚯蚓，正在争先恐后地爬行，牙齿咬得格格作响，牙缝里向外渗出一缕缕血线，并挤出一句话，"儿……我害人终害己……我该万毒攻心……"跟着抽风一般全身抖颤，七窍流血，整个人迅速蜷缩成了一团，痛苦不堪死了。

一连串的变故，叫段绍棠等人既惊又惧，呆若木鸡。等清醒过来时，屋中已留下两具奇形怪状的尸体和一地污血。那一直瘫坐着的段绍棠，一阵恶心，想要呕吐，勾下舌头干呕了好一阵，却什么也没呕出来，倒是放了一连串又腥又臭的屁。屁放过了，再不觉身体滞重、口腥额热，那鼓样肿胀着的肚皮竟奇迹般瘪了下去，家人都不治而愈了。和段三走在一拨的段福，却失魂落魄地回来说，段三在街上正走着时，突然像被重锤当胸击中，惨号了数声，死了，死状和那中年人差不多。

原来，那段三对段绍棠的作坊垂涎已久，便请了中年人下蛊，只要段绍棠全家都死了，那作坊财产自然便会落到他手里。可王子安的出现，却有可能破坏他的计划，于是便叫中年人，用“眼咒”的方法，对王子安下了发作最快的血蛊。那中年人是南方人，父母早亡，也无兄弟姐妹。因为蛊术里有邪恶的诅咒，说养蛊人都会死亲亡眷，孤寡一生。中年人沉溺蛊术，结果儿子出世，女人便大出血死了。为了逃避诅咒，便把刚出生的儿子送给广东汪姓人家。二十来年也不敢去见儿子一面，只把下蛊害人挣来的钱，托人悄悄送到汪家。刚才下了蛊后，只觉浑身不适，王子安胸脯炸裂时，他的心脏也几乎裂腔而出。在蛊术里，凡是用自己的血养蛊，只要跟自己有血缘关系的人中了蛊毒，下蛊人就会有类似的感应，所以立刻赶了过来。只是他想不明白，自己明明将儿子送给广东汪家了，为何王子安不但姓王，而且是闽南的？他哪里知道，那广东汪家，收留王子安时，原本膝下无子，可相隔不到一年，却生了个双胞胎儿子。与汪家交好的王通判，正好膝下无子，便将孩子转送了。后来王通判升职，调到了闽南。而王子安也许是因为血缘的关系，虽然没接触过蛊术，但竟无师自通般，知道很多……

午 夜 兰 花

二月十五，是蜀王朱崇的生日。射洪知县杜可许，本是朱崇身边牙吏，因为最会溜须拍马阿谀奉承，很被赏识，破格放到射洪任知县。朱崇生日，当然要大献殷勤了。杜可许早在两三月前，就备下了几大箱金银珠宝、古玩玉器。二月初十这天，带上新纳的小妾乘上八抬大桥，与一帮跟班衙役，押着驮金银珠宝的骡马，往成都出发了。

从射洪到成都，只有两百来里。按计划只在中途憩上一晚，第二天便可以到达。晌午时分，紧赶慢赶四五十里，还没出射洪地界呢，原本春风和煦暖阳高挂的天气，却突然变了。晴空一道霹雳，跟着声震耳欲聋的响雷，紧接着天像撕开了道口子，瓢泼大雨哗啦哗啦直浇下来，片刻功夫便把一行人都淋成了落汤鸡。杜可许生怕那些玉器古玩给淋坏了，在轿里直跺脚，吼骂赶紧避雨。跟在轿旁的钱谷师爷往四周一看，坏啦。官道两旁，都是直插入云的高山，除了青草绿树，并不见一户人家。再往高处看，半山腰里，绿树丛中，隐约现出庙宇轮廓，便决定去那里避雨。

一行人丧家犬般到了，才发现这是所废庙。入眼到处断壁残垣，正殿里神像也坍塌了大半。杜可许顾不了许多了，进了正殿，赶紧亲自检查古玩玉器有没有损坏,一边只盼这雨早些停息。不曾想那雨像牵了线似的,一直到傍晚时分才停下来。看看天色,也没法赶路了,只好在破庙里暂住一晚。

杜可许有与生俱来的狐臭,特别一流汗,挥臂抬手,强烈的狐臊味足以熏得人头晕目眩。刚才轿上颠簸,出了身臭汗,那胳肢窝儿更是黏糊糊一片,说不出的难受,便叫人备上水,要沐浴去臭。

洗澡在偏殿。这里久没住人,地面起伏不平,还生着些杂草。靠窗的地上,生着丛花草,短短的叶片像朝天竖立的三刃剑,紫色的花心一串串垂着,散发出清雅幽淡的香味。等到杜可许洗得差不多了,按照惯例,便要在腋下扑些香粉,没想到去拿香粉的跟班却说,香粉一直在骡马驮着的包里,刚才一阵大雨,全淋坏了。杜可许气得破口大骂,目光落到窗前花心上,心想病急乱投香,这花不也香么,就撷些来涂抹吧,便摘过几朵,揉在腋下。

地方简陋,晚上杜可许和小妾睡在轿里。马马虎虎睡到半夜,杜可许却被一阵摸索弄醒了,睁开眼睛一看,那小妾低垂着头,鼻尖顶在自己腋下,正一个劲贪婪地嗅呢。杜可许大吃一惊:“你,你这是干啥?”

那小妾猛吸了吸鼻子,啧啧有声道:“香,好香!”杜可许好生奇怪,平常这小狐狸精,总是说自己像只老公狐,抬抬胳膊都要瞪眼咋舌的,这会儿咋竟说是香的了?狐疑地一抬胳膊,直觉腋下如有凉风拂出,一阵清香直渗心扉。再把另一只胳膊抬起来,沁人心脾的清香,也是如丝如缕。脑子里一阵狂喜,跟着念头一闪,一身的疲乏也消失得无影无踪了。一咕咚都滚出轿,拉着破锣嗓音就吆喝七歪八倒睡在正殿的跟班们。

跟班们呵欠连天地跟在他身后,来到偏殿。火把灯笼的光影里,偏殿窗下那簇花草上,那一串串垂挂的花心,这会儿像是重新开放了一般,体积比傍晚时看见的大了差不多一倍。紫色的花心,在灯影里闪烁着宝石一样的光。甘洌幽雅的清香,四处飘弥。

杜可许明白过来了,这花在夜晚会重新开放,散发更强烈的香味。自己在胳肢窝抹过那些花，所以到夜里，便自然散发出香味。一明白过来，恨不得要跪下磕头，感谢老天爷下的这场及时雨。蜀王朱崇，生着比自己还严重的狐臭，找了许多郎中方士，什么法子都用尽了，但那强烈的臭味，仍然一直有增无减。为这毛病，有多少妃子婢女，因为在他面前掩鼻遮臭，要么割了鼻头，要么乱棍打死。现在这午夜能散发异香的花草，只要往腋下一抹，臭味便变成香味了，朱崇还不重重奖赏自己？

这样想了，杜可许赶紧吩咐跟班将那花草分成两簇，一簇连着泥土挖出，一簇小心翼翼保护起来。挖出的一簇，献给朱崇。剩下那簇，留着自己以后用。那钱谷师爷平常也种些花草，这会儿摇头晃脑道："大人，小的看这奇花，分明是种奇异的兰花。恰好午夜开放，不如命名为'午夜兰花'如何？"杜可许正愁这奇花没个名号呢，一听这么好听的名字，连声叫好。

重新出发了，那大轿里抬着"午夜兰花"，杜可许自己骑着马亲自押在后面，心急火燎般直奔成都。到了成都时，顾不得被马背硌得满是燎泡的屁股，立刻直奔蜀王府。

行了跪拜礼，杜可许喜形于色地道："王爷，下官敬献'午夜兰花'，请笑纳。"说完一挥手，跟班们抬进连着泥土的兰花来。那朱崇往兰花看了一眼，鼻子里重重一哼，心里骂你这个附庸风雅的东西！王府奇花异草举不胜举，御花园里没有的名贵品种我这里也有，谁稀罕这？见朱崇脸色不善，杜可许不急不慌，跪行一步道："王爷，此花看似普通，但其中妙处，却难以想像啊。"于是添油加醋一番，说费了许多功夫，找到了这种叫"午夜兰花"的奇花异草，自己已经反复试验，不但腋下不臭，而且午夜时分，还会散发异香。

那朱崇心知杜可许也像自己一样生着狐臭，听他说得有鼻有眼，便叫个亲信去检查。那亲信狗一般嗅了一番，赞不绝口地道："如芝如兰，如丝如缕，清雅幽远，沁人心脾，果然香得不同凡响！"朱崇大喜，立刻叫人将兰花抬到后花园，悉心栽植。重重夸奖杜可许一番，并说如真有奇效，不但加官进爵,还另有封赏。

这晚朱崇淋浴时,特地令侍女摘了点“午夜兰花”的花束,仔仔细细抹涂到腋下。抹涂之处,只觉温凉滋润,说不出的舒服受用。再一嗅,果然往日令人发呕的狐臭没了,还散发出淡雅的幽香。当即招来最宠爱的妃子,风流快活了一番,然后鼾声大作,猪一样睡得死沉沉的。

也不知什么时候,寝宫珠帘叮当摇晃,一阵蚀骨的冷风直刮过来。朱崇打了个寒战,睁眼一看,床榻前站着个披头散发的女子,满脸鲜血淋漓,鼓突着一双眼睛,牙齿咬得咯咯直响,正恶狠狠地说:“狗贼朱崇,拿命来!”一双枯瘦如同鬼爪的手,正慢慢向他颈上捏来。朱崇吓得脖子一缩,身体猛地一挣,竟坐了起来。这才发觉,寝宫里灯影摇曳,帷幄飘荡,却不见人影。正在这时,樵楼上敲响了午夜的更鼓。朱崇浑身冷汗淋漓,心知做了个噩梦。

那宠爱的妃子被朱崇吵醒了,立刻掩鼻惊呼:“臭!臭!臭!”才呼着,竟向后一仰,“扑通”一声跌下了床,跌跌撞撞向门外爬。朱崇大怒,自己明明嗅到腋下的气息香若芝兰,正要吼骂,却感到腋下一阵瘙痒,伸手一挠,触手处火燎般灼痛,再看手指上,竟粘下块溃烂的皮肉。朱崇吓得魂不附体,一边忍不住在身上抓挠,一边惊惶失措地高叫:“来人啊!来人啊!”

那些守候的护卫闻声赶来,没想到才到寝宫门外,全都哇哇呕吐起来。从寝宫里散发出熬煮过的大粪般、又浓又稠的奇臭,恨不得熏得人把五脏六腑都呕吐出来。再往近靠些,那臭味令人如同被头下脚下整个儿塞进了储满粪便的粪池般。那些护卫听着朱崇气急败坏的呼喊,却不敢进去。老成的护卫赶紧撕下袍襟,用冷水浸了,将面部粽子样缠上,这才冲进寝宫。

那蜀王朱崇,裸着身体上蹦下跳,一边撕心裂肺吆喝,一边在身上抓挠,每抓挠一下,身上便脱落一块皮肉,那些掉了皮肉的地方,正向外渗出脓样的液体,散发令人窒息的恶臭。护卫们哪敢怠慢,立刻去找来郎中。郎中将朱崇一看,大惊失色道:“哎哟,王爷中了蚀肤奇毒……”

朱崇龇牙咧嘴像只猴子，全身犹如万虫附体，边在身上乱抓挠边哭嚎："痒痒死我了……午夜兰花……午夜兰花……千刀万剐杜可许……哎哟……痒死我了……"

护卫们这才明白过来，这跟"午夜兰花"有关啊。去看院中新栽的那簇兰花，奇怪，傍晚还叶绿花紫，此时却叶黄花凋枯萎成一团了。回头去抓杜可许，正做着升官发财的痴梦，被人从被窝里拖出来，听说朱崇被"午夜兰花"腐蚀了皮肉，吓得屎尿溺了一裤子，还没等动手，便白眼两翻，翘了辫子。

那郎中对朱崇的症状束手无策。暗自纳闷不已，这杜可许像朱崇养的狗，只知摇尾乞怜，不可能下毒啊。找来杜可许随从一问，才知道兰花是怎样得来的。脑里念头一转，便有了主意，向主事的总管请示说，自己熟读药典，从来没见过含毒的兰花。现在要救王爷性命，必到兰花发现之地，去看看兰花生长环境，方能对症下药。

那总管也慌了神，当即吩咐备下快马，叫那帮跟班带路，带郎中去那破庙。一行人马不停蹄，赶到破庙，来到偏殿，留下的那簇兰花，也叶枯花萎了。提着花茎向上一拔，竟像生在岩石上般，屹然不动。刨开周围的土，下面三四尺深处，卷着床破篾席，花茎穿席而出。跟班解开篾席，吓得一屁股跌坐在地上，惊叫出了声："这，这，不是杜老爷送给王爷的婢女，武兰花么？"——席中躺着个面色如生的女子，嘴唇微启，那花茎从牙缝中生长出来，本该是鼻子的地方，却只是两个黑洞。说话间，一阵风过，那破席、那女子，像燃烧得极快的纸，枯缩变色，片刻间便成了灰烬。

郎中一琢磨，有些儿明白了。那武兰花定是对朱崇的狐臭掩过鼻，被残暴的朱崇割了鼻，逐回射洪的路上，死在了破庙里，被好心人埋在了偏殿窗下。至于何以生长出"一石二鸟"，既报复了朱崇也报复了杜可许的"午夜兰花"，也只有神灵知道了。郎中深深向那堆白烬鞠躬，转身向众人道："自作孽，不可活。朱崇此番，大罗金仙也救不了了。你我众人，定然脱不了干系，不如早些逃生吧。”众人你瞪我我瞪你愣了一会，跟在后面“轰”的一声全四散跑了。

果然，到第五天头上，朱崇一身的皮肉全被抓挠得没一块完整的了，最后一把竟拧下了自己的鼻头，然后三弹两抖，见了阎王。而那恶臭气息，两三个月后，都还没有完全散尽呢。

女 儿 碑

浩浩荡荡的涪江水，自江油青莲发源，经绵州、潼川，快近洪城时，要流经一个所在。那里两座山崖面对面壁立，中间形成上下游落差极大的峡谷。江水流到这里，因被山势挤着，便奔腾啸喘恶浪排空，如同有千军万马在此厮杀。临江的岩石上，积着经年不衰的苔藓，被浪花挟裹着混入江流，竟将江水也浸染成了墨黑色。因此，洪城人都叫这地方黑水壕。黑水壕左岸的山崖上，耸立着一块高五米宽一米五的青石碑。洪城人都说，那碑是北宋太宗年间立的。近千年的风霜雨雪，青石早已风化斑驳，碑后的铭文全成了模糊一片，然而碑面遒劲有力的“女儿碑”三个大字，仍然清晰可辨。关于女儿碑由来的故事，仍在涪江两岸流传。

宋仁宗年间，洪城有个姓段名可简的大员外，不但有好几千亩良田沃土，而且洪城里大大小小的商号，有一半都挂着段家的字号。那黑水壕两岸的住户，大都是他的佃农。段可简家道殷实，可惜膝下香火不旺，只有个十七八岁的女儿，名叫秀眉。这年冬月，段可简患了重病。先只当受了风寒，并没怎么在意，抓几副药服了，病情却非但没有见好，冬至一过，已经卧床不起了。看看洪城大大小小的郎中请了个遍，汤药灌了几十剂下去，段可简的病情却半点也不见好，急得段秀眉茶不思饭不想。有人举荐金华山道观的青木道长，说他为四邻百姓治病，无不药到病除，想必有办法。秀眉便立刻差人备了青纱小轿，去请青木道人。

青木道人来时已快晌午了。一直守在宅门外的秀眉正心急如焚，看见几个家人抬着的青纱小轿直奔宅院而来，赶紧迎了上去。见过了礼，便直接将青木道人带到后堂。那段可简躺在床上，形容枯槁，面色如金纸，见了青木道人，想要欠身招呼的力气都没有。青木道人也不怠慢，上去切过了脉，微闭着眼睛深思了会儿，要来纸笔，开出一张药方。递给段秀眉，吩咐道："贫道所开药方，照此煎服三副，令尊的病会有所转机。"说到这里，顿了一下，面露难色地说："不过，想要彻底根治，怕是难啊。"

听了青木道人的前半截儿话，秀眉脸上刚现出些喜色，但听到后面的话，不由脸色又变了。眼眶一红，离座深深向青木道人施了个礼："道长既如此说，家父的病如何才能彻底痊愈，万望指点啊。"青木道人沉吟片刻，说道："若要治愈，也非不能，只需加一味药引即可。可现在正是隆冬天气，那药引不好取啊。"

秀眉忙问："请道长指点。纵有千难万险，秀眉也会想法子的。"青木道人道："黑水壕中老鳖即为药引。""难道，只有黑水壕中的鳖才成？"秀眉心中一震，不甘心地问道。"不错。黑水壕中之鳖，因一直在湍流激浪中生长，不但习性刚烈霸道，而且血气旺盛，非一般之鳖可比。令尊沉寒入肺，气脉微弱，若不能以此鳖作引，定难痊愈。"听到青木道人说得这么绝对，秀眉愣住了。现在正是隆冬时节，终日里北风厉啸，雪花乱飞，平常人早穿上了棉裤棉袍。那黑水壕中江水，不用说有多冰冷刺骨，并且那地方江流太过湍急，人畜要是不慎失足，定然是有死无生。所以洪城人也叫那黑水壕为"死壕"。送走青木道人，秀眉一筹莫展，不知如何办才好。管家段福出主意说："小姐，找姑老爷看看如何？或者他会有些主意。"秀眉道声："也只好如此了。”立刻叫人备轿，直奔府衙而去。原来洪城县令申子玉就是段可简的妹夫，平常衙里公事不多时，经常过来探望。

到了府衙，秀眉把话说了，那申子玉道：“贤侄女，这事有何难？只消放出风去，只要能捉到黑水壕中鳖者，一定重重奖赏，还怕没人出头？”秀眉有些为难：“那地方既为死壕，恐怕难得有人愿意冒险。”申子玉呵呵一笑：“重赏之下，必有勇夫！”秀眉想想，也只好如此了。当即便写出数十张告示，四处张贴出来。只说，凡能捉到黑水壕中鳖者，可获五十两银子的奖赏。告示贴出一天了，除了洪城人都在交口议论，指指点点，却没有人敢揭。又将赏银改成一百两，一天过去，仍没有人揭。到了第三天头上，赏银一下子长到五百两，终于有人来揭告示了。当时申子玉正在段家探病，见段福将揭告示的人带进来，忍不住就皱了皱眉头。原来来人是几个青年佃农，当头的绰号叫“李莽牛”，就住在黑水壕岸上，生得臂阔腰粗孔武有力，在黑水壕两岸，算得上一帮佃农的首脑。去年因为对段家收租的量斗有异议，带头抗交租粮，被拿进府衙，着着实实打了一通板子。没想到揭告示的竟是他！

李莽牛朝申子玉见个礼，冲秀眉说道：“小姐，我愿意去捉鳖。但捉之前，想请老爷给我个话。”秀眉用征询的目光看看申子玉，那申子玉微微点头首肯，便立刻带李莽牛进了后堂。服过两副汤药的段可简，已经勉强能倚着床头坐起来了。待秀眉将事一说，他皱了皱眉头，有气无力地问道：“莽牛，你要老爷我什么话？”

李莽牛说道：“老爷，你赏的五百两银子小人不要了。小人生来是劳碌命，银子多了反倒会活得不自在。”

此话一出，众人都惊诧不已，五百两银子也不要？那，他要什么？李莽牛又说道：“小人只求一件事。地里的收成比去年降了七成，然而粮租却一点不少。若将今年所有佃户的粮租减半，小人立刻便下江捉鳖！”

一听这话，不单段福一句“你疯了不成”脱口而出，那段可简也差点从床上蹦了起来,几百户佃农全年的粮租减半,那可是几千两银子啊。黑沉着脸正要发作,那边申子玉走了进来,朝段可简摆摆手,示意他答应下来。段可简忍下一口气,让脸色和缓过来,"金银财帛,原本生不带来,死不带去,老爷我便依了你。只要你捉得了黑水壕中鳖,老爷我立刻便兑现。"那边申子玉接口道:"段老爷既已应承,本府愿意作保。"

得到承诺,李莽牛道一声"好",也不再多说,便直奔黑水壕而去。得到消息,黑水壕两岸早挤满了来观看的村民。时候正是晌午,江岸处响着凛冽的江风,飘飞着大片大片的雪花。李莽牛到了江边,从同伴手中接过酒壶,仰着脖子咕咚咚灌了一气,直到一张黑红脸皮都泛着青紫了,三把两把除下身上的棉袄棉裤,赤条条地露出一身黑肉。几个箭步跨到江边,掬起捧江水,拍拍地浇在胸脯上,倒吸一口气,吼一声"鳖孙子们,咱李莽牛来了!"话音未落,但听得"扑通"一声响,湍急的江流溅起一朵亮亮的水花,整个人已没入江中。两岸观望的人全都屏住气息,眼睛一眨也不眨地盯着浪花翻涌的江面。过了差不多一炷香时间,"呼"地声响,一道黑色人影带着水花冲出江面,再看那李莽牛,两手空空,脸色已经有些儿泛青了。"龟儿子鳖孙子在和咱捉迷藏呢。"李莽牛喃喃低语,拿过酒壶,又喝了一气,然后头前脚后,扑进江中。又过了快一炷香时间,江水"泼喇"一声响,李莽牛冲出江面,手里竟已提着脸盆大只鳖了,两岸的人齐声欢呼。守在岸边的段家人,立刻将鳖提回去。那李莽牛从同伴处接过酒壶,一气喝了个底朝天,然后说声:"等咱回去暖和暖和身子,便来找段老爷兑现!"披上棉裤棉袄,扬长而去。

第三天头上,李莽牛和几个同伴走进段家大院。那段可简服了老鳖作的药引,虽然暂时不能离榻,但精神却好了很多,招来李莽牛等人说道:"莽牛啊,你咋就恁急呢?老爷我大人大面,红口白牙说过的话,并且有县令大人作保,还怕变卦了不成?且等上三五天,待老爷我身体痊愈,老爷我要亲自召集所有佃农,将减租的事公布!"李莽牛仔细一想,这减租是大事,段可简亲自宣布也不无道理啊。见李莽牛并无异议,段可简朝段福努努嘴,说道:“段福哇,去账户取些碎银子来给莽牛,算老爷我请他喝酒的。”说着指指李莽牛等人身上数处已经绽出棉花的袄子,不无责怪地说:“现在天气酷寒,你们也该置件皮货穿上才是。”说话间那段福进来了,手里托盘托着十来锭碎银子和十来串制钱说道:“老爷,账户里现成的银子不多了,好在有这四五十贯钱。”李莽牛正要推拒,段可简扬手阻止道:“莽牛哇,你于老爷我可有救命大恩呢。不用担心,这点银钱只是表示老爷我的一点心意。绝不会和从前的约定有瓜葛。”一面示意段福,扯过张暗黄色的绸缎,将所有银钱包裹了。见段可简说得恳切,李莽牛笑笑,便接过包裹道过谢就走了。

几个人离了段家宅院,到洪城十字街口“老字号牛肉馆”,要了三斤牛肉,一壶烧酒,还没开始动箸,外面一阵杂乱的脚步声响起,跟着涌进十来个提枪抡刀的衙役,呼啦一下将李莽牛等人团团围住。李莽牛惊问:“这是做啥?”领头的衙役冷哼一声,也不言语,示意众衙役将他捆绑了,然后提着桌上装银钱的包裹一抖,里面的银子制钱“哗啦”一声全倾在了桌上。衙役将那黄色绸缎扯开一看,指着李莽牛皮笑肉不笑地道:“好个李莽牛啊,想不到你竟然是王小波李顺二贼同党!”那边掌柜探过头一看,吓得打了个哆嗦,那黄色绸缎,虽然已经破损不堪了,但当中却用金钱绣了个斗大的字,虽然模糊不清了,但仔细一辨,不正是个“蜀”字么?是王小波李顺所建“大蜀政权”的旗号啊!那些散落的制钱,好些居然铸的是“应运通宝”字样,正是王小波李顺建都成都时向全川发行的新钱帛。李莽牛大声申辩:“这东西不是我的……”话没说完,衙役噼啪就一巴掌抡过来,“不是你的,那你怎会提着?带走!”连拖带拉,便将几人送进了府衙。

申子玉立刻坐堂,二话不说,先喝令衙役将李莽牛等人个个打了四十个杀威棒,直打得众人皮开肉绽了,才问:“李莽牛,你可认罪?!”李莽牛拧着脖子,说道:“钱和黄绸是段可简老爷所给,莽牛无罪。”申子玉冷笑道:“本府治过好几拨贼党了，无一拨不像你这般百般狡赖，甚至血口喷人！本府懒得与你等周旋，来呀，叫他等画了押！”两边的衙役如狼似虎，将李莽牛等人捺住，然后强行在结案状上按了指纹。等将众人收入死牢了，那申子玉立刻提笔，说洪城发现贼党余孽李莽牛等，事实俱在人赃并获，禀报四川巡抚李延秀处置。其时，王小波李顺的起义军，朝廷花费了九牛二虎之力，才刚刚平定不过两三年，对此类案情更是风鸣鹤唳草木皆兵，不日便回文，说择日论斩。

再说那段可简自打服了鳖作引子的药后，一日日便见好了许多。这日正同段福说话，女儿段秀眉突然闯了进来，眼泪盈盈地问道：“爹，你可如此恩将仇报？”段可简瞪着秀眉还没出声，那段福便接上话头：“小姐，可那李莽牛是王小波李顺二贼余党，县令已审结具案，那李莽牛等也供认不讳了。”秀眉冷笑一声，“他一个足不出户的佃农，又怎会与贼党有干系？再说了，这时候出事，也太巧了……”秀眉的话还没说完，那段可简脸色一寒，厉声打断她的话：“放肆！你一个女孩子家，不去用功针绣女红，管这些事作甚？”一阵声色俱厉地训斥后，将秀眉赶出后堂。秀眉出得后堂，只觉得心里又酸又苦。心知此事定是父亲和姑父设下陷阱，作出如此恩将仇报的勾当。想到此处，不由长叹一声，屈膝向后堂跪下，咚咚磕了几个响头，嘴里不无凄楚地念叨：“父亲啊……”

不几日，便是李莽牛等人问斩的日子。洪城以往行刑，地点就在黑水壕左岸那山崖上。到了那一日，遂州府尹邵正声却不请自来了，说是事关贼党，要亲任监斩官。申子玉心里暗暗打鼓，却又不好推诿。等到将血肉模糊的李莽牛等人带上来时，围观的人齐声喧嚷，那黑水壕两岸的村民，更是不顾生死，要冲进法场。好在申子玉早有准备，早召集了洪城内所有兵勇，在刑场四周守卫。看看时辰将至，忙提醒邵正声说时辰已到。邵正声也不言语，抓过案桌上的签牌作势要抛下时，法场中扑通跪下个女子，竟是段秀眉。“府尹大人，小女子有冤情啊！”看到秀眉此举，申子玉脸色变了，“秀眉，你,你这是干啥?”

府尹一愣,“申大人,这女子与你认识?”

申子玉尴尬地说道:“这女子是我妻兄之女,唉,从小有癔症,冲撞了大人,还望见谅。”说着就要吩咐人将秀眉拖走。那府尹邵正声扬手阻止,“申大人,本官观这女子眉端目正,口辞清晰,怎会有癔症?且听她有何冤屈吧。”申子玉听得府尹如此说,顿时不知所措,冷汗却一个劲外涌。

那秀眉指着一边的李莽牛,便将段可简病重,青木道人指点说要黑水壕中鳖作药引,李莽牛出头的诸样事一一说出。府尹邵正声原本清正廉洁,早从秀眉的话里听出了几分线索来,却向秀眉问道:“你所说段可简,是你何人?”“正是家父。”邵正声在案桌上重重一拍:“大胆女子,你可知道按大宋律法,人子人女告发亲尊,先犯了忤逆不孝之罪?”

秀眉在地上重重磕了几个头:“小女子知道。然而恩将仇报之举,害无辜之性命,保一己之私利,却令小女子生不如死。”府尹一时默然,好一阵才叹息道:“好个深明大义的女子!”回首向申子玉问道:“申大人可有高见?”那申子玉此时面色如土,抖颤成一团了,哪里还能分辩?邵正声从袖中取出一幅白绸,上面密密麻麻写满了血红的字。原来几日前,那秀眉咬破食指,将李莽牛一案尽书绸上,托黑水壕边的精细佃农,送到遂州府衙。那绣有“蜀”字字样的旗号,和“应运通宝”的制钱,本是洪城往日查办所得,申子玉和段可简定下计谋,将这些东西交于李莽牛嫁祸……

案情很快水落石出,邵正声一边叫人摘了申子玉的乌纱帽,一边着人去拿捕段可简,正这时,人群一阵惊呼:“不好了,段小姐投江了!”等邵正声赶至江边时,但见得远处那墨黑如漆的江面上,除了翻滚的江水,涛声的嘶吼,哪里有半点人影?

黑水壕两岸的人一起出动了,三天后,才在下游的柳树沱打捞起段秀眉的尸体,并将她安葬在黑水壕山崖上,府尹邵正声亲自写了铭文,题下了“女儿碑”三个大字。女儿碑的故事,便这样流传开了。

会说话的秦吉了

洪城有个大户叫沈百年，尽管一肚子坏水，可仁义道德从不离口，又会作表面功夫，不明真相的人呢，都叫他“沈善人”。这天，城西客栈的老板带着个年轻女子找上门来，说那女子叫红玉，是涪江上游人，因水患和母亲流落到洪城投奔亲戚，不曾想亲戚早不知搬哪去了，便暂住在客栈。还没找出个安身的办法，母亲却一病不起，死在了客栈里，没办法，来向“沈善人”求助。

沈百年一打量那红玉，眼珠子立刻瞪直了。红玉柳眉杏眼身段婀娜，清水芙蓉般亭亭玉立。虽然面带愁容眼角有泪，可在沈百年眼里，更有番梨花带雨的韵味。当即假惺惺表示同情，付清客栈欠下的债，叫人去订下棺木，将红玉的母亲安葬。又把无家可归的红玉，留在自己府里。嘴上说是收留她，心里却想着要把红玉纳为第四房小妾。

红玉住进沈府，一个月不到，沈百年便派了个老妈子，向红玉提亲了。红玉却说，自己得为母亲服丧一年，服丧期满，便听从沈百年安排。沈百年亲自去威逼，红玉从袖中抽出把剪刀，抵着自己咽喉道：“若要用强，宁愿一死。”沈百年本要发作，可看到红玉坚定的样子，只好悻悻作罢。心想一年也不是太长,到那时,看她还有什么话说。

红玉的起居室,靠近后花院。那屋子本是沈百年的书房。尽管沈百年一年也难得进去一次,里面布置倒也堂堂皇皇,纸笔墨砚一应俱全。红玉的父亲原是个不得志的秀才,从小便教她填词赋诗。平常时间里,红玉要么就着笔墨纸砚,写一感伤的词句,排遣心中的不甘与无奈,要么踱进花院里散步。

有天红玉正在后花院散步,突然从天上掉下个东西,笔直坠落在兰草丛里。过去一看,是只通体雪白,大小和鹦鹉相似,长着黄色肉冠的鸟,腹下雪白的羽毛全被殷红的血染红了。

好心的红玉立刻将鸟捧回屋里,清洗掉鸟腹下的血污,现出个被泥弹击出的创口。她往创口仔细上了药粉,包扎好后放到屋中书桌上,那鸟竟向红玉感激似的点了点头。

打那天后,红玉每天都给那鸟清创上药,并把米饭揉捏成团喂它。没事时,便对着那鸟,讲父亲在自己十五岁时便去世了,讲家乡洪涝多少人家流离失所,讲投亲不成母亲却病逝,讲不得已寄身在沈百年家。那鸟像个懂事的孩子,每每红玉说到伤心处,便将身子偎到红玉手背上,仿佛那可以安慰她似的。

七八天转眼间过去,那鸟的创口已结痂痊愈。这天红玉刚起床,正对着镜子梳头,突然听到一声感叹:“啧啧,姐姐好身材啊。”红玉大吃一惊,四下一看,却不见人,正诧异时,那只站在书桌上的鸟,扑打几下翅膀,瞪着乌溜溜的眼珠子,尖嘴一翕一合,竟像人一样说话呢:“姐姐,是我在说啊。”红玉吓了一跳,惊问道:“你是什么鸟啊?怎么会说话?”

那鸟像人一样轻声笑道:“我是会说话的秦吉了,当然会说话了。”红玉从前读过一本书叫《太平广记》,里面的禽鸟篇里,说有种鸟叫秦吉了,能说会道,因为很少人见过,还以为只是传闻,没想到竟让自己遇到了。秦吉了又说:“姐姐救我一命,我替姐姐找个如意郎君,算是报答。”也不等红玉说话,翅膀一张,便向窗外飞去,转眼间不见了踪影。

满腹狐疑地过了几天,就到了个阳光明媚的上午。红玉踱进花院刚顺着小径走了百余步,西院那边假山后就出现个书生装束的年轻人,东张西望着朝这边走来。红玉正要闪避,没想到那书生已看到了她,一揖到地,嘴里问道:“姑娘可是红玉?”

红玉俏脸一红,正不知道怎么开口,那书生又说道:“小生是在西院教书的柳子轩,平日无事,常作些小令自赏,近日有只会说话的异鸟,竟来与小生唱酬,所诵颇多佳句,小生询问,它却说是红玉姑娘所作,并引小生进了这后院……”

一道白影飞落到红玉肩膀上,原来是那只秦吉了,在红玉耳畔悄声道:“我这红娘作得可好?这书生斯文俊朗,与姐姐郎才女貌呢。”红玉这才明白,这一切都是秦吉了安排的。再看那书生一表人才,不由有几分心动。正在这时,院外隐约传来说话声,柳子轩忙向红玉施了个礼道:“小生唐突了。”说完恋恋不舍地走了。

等柳子轩走远了,秦吉了笑嘻嘻地问:“姐姐,意下如何?”

红玉叹息一声:“我是沈百年买回的,怎敢有意外之想?”

秦吉了不以为然地道:“才子佳人,相得益彰。只要你与那柳子轩两情相悦,一走了之不就得了?”

红玉想了很久,终于含羞应承下来。从那以后,隔三岔五,柳子轩便悄悄来到后院与红玉见面。可后院时常有人来往,见面总说不上几句话,两人便把想要说的,写到纸上交给对方。秦吉了很少出现了,偶尔出现一次,总用神秘兮兮的口气说:“我去给姐姐置办嫁妆了。”

这天傍晚,红玉又往会面的地方走去。快近西院了,却听到假山后面传出一阵淫声浪语,不由羞得满面通红,转身就跑。回到屋里了,稍稍平静时,这才发觉要交给柳子轩的信竟然不见了，八成是刚才慌张跑回时给掉了。红玉便赶紧出去找信，才走到院中，沈百年带着几个人，气势汹汹过来，把手里几张纸，猛地掷到红玉脸上，骂道："你这个贱人，老子要纳你，你推三阻四，现在却偷偷摸摸找汉子！"那几张纸，正是红玉写给柳子轩的信。

沈百年的三老婆阴阳怪气地说："还以为这小妮子多正经，要不是拾着封信，说不定哪会儿生出个孽种了，我们还蒙在鼓里呢。"

这时，几个仆人将柳子轩从西院推了进来。见到事已至此，红玉一挺胸，便道："要杀要剐，与柳公子无关。"那柳子轩深情地看一眼红玉，抢着向沈百年说道："沈员外，小生愿替红玉赎身。"

不等沈百年说话，管家沈福冲上去便狠狠踢了柳子轩两脚。"老爷让你在西院教书，你不好好教，却胆敢在老爷下巴上捋虎须，还作美梦想替这贱人赎身？"

那三老婆凑到沈百年身边，出主意说："老爷，这对狗男女留不得，传出去还不让外人耻笑，说咱沈家门风不严？"原来，刚才在假山后偷情的，正是管家和这三老婆。被红玉的脚步声惊散，出来只看到慌张躲避的红玉背影。正害怕私情泄露，却拾到了掉在地上的信。拆信一看，三老婆怒从心起，恶从胆生，自己多次挑逗柳子轩都吃了闭门羹，又羞又恼，现在把柄落到了自己手里，便生出了既要杀红玉灭口，又要杀柳子轩出气的念头，当即添油加醋地告知了沈百年。沈百年暴跳如雷，立刻赶了过来。

听了三老婆和管家的话，沈百年眼珠子轱辘辘一转，有了主意，威胁红玉道："你若立刻与我成亲，我便放了这柳子轩。要不然，哼哼。"

红玉深情地看了眼柳子轩，眼里淌出晶莹的泪珠来，跟着坚定地点了点头："放了柳公子，我立刻与你成亲！"

那柳子轩悲呼一声，说道："红玉，倘若你舍身侍狼，柳某生不如死。"说完用力一挣，头一低，说声"我先走一步"，猛地撞向假山。一声闷响，便撞死在假山上了。

柳子轩一死,沈百年等人都愣住了,红玉凄惨一笑:“柳郎,我来陪你。”一抬腕,一把锃亮的剪刀从袖里现了出来,迅速刺进了自己胸脯……

只片刻功夫,柳子轩与红玉便都死了。沈百年又气又怒,只好吩咐仆人移开假山,将两人尸体埋在下面,再将假山重新移回原位,又叮嘱任何人不得泄露,然后悻悻离开了。

第二天正午时分,秦吉了飞回院里,哪里还有红玉踪影?又飞到西院,也不见柳子轩。院子里只飘散着没散尽的血腥味。秦吉了飞到假山上,一边在假山上不停地啄,一边悲切地呼唤,“姐姐,姐姐”,差不多过了两个时辰,绕着假山飞了三圈,然后飞走了。

过了些天的一个晚上,沈百年正在拨拉算盘算账,突然听到门外一阵窃窃私语,像在打情骂俏,跟着又传出宽衣解带的索索声,仔细一听,像是三老婆和沈福啊,开门一看却啥也没有,但那声音在前面十来步远继续响着。沈百年又惊又奇,叫来两个护院,顺着那声音追过去,竟来到了三老婆的睡房前,那声音却一下子听不到了。

沈百年奇怪不已,这时淫猥的声音又响起了,竟从三老婆屋中传出。悄悄走到窗下仔细一听,不正是三老婆和沈福的声音么?猛一脚踹开门,那三老婆和沈福正赤条条缠在一起呢。沈百年气急败坏,夺过护院手中的刀,扑过去就是一阵乱砍。从温柔乡里还没醒过神来的男女,片刻间便作了刀下之鬼。

沈百年吩咐护院掩埋尸体,骂骂咧咧的正要出屋,却见床下有个东西散发着莹莹绿光。拾起来一看,原来是块玉玲珑。巴掌大块碧绿的玉石,镂空成栩栩如生的麒麟,系着玲珑的链子,竟是一百零八颗碧绿的玉石磨成栗子大小,用发丝样细的金线串着。沈百年心知这玉玲珑名贵异常,可怎么会出现在三老婆屋里?想到头昏脑涨,也没想出个所以然,便把玉玲珑挂在脖子上据为己有了。

没过几天,沈百年接到府衙送来的请帖,说蜀王朱崇到川中名山金华山礼佛完毕,要宴请洪城士绅。沈百年不敢怠慢,赶紧备了份厚礼,到了宴会场所。呈上礼品后,按例得向朱崇跪安。沈百年战战兢兢地走到朱崇跟前时,突然两道悦耳的声音,从沈百年和朱崇身上传出。那一直阴沉着脸,半躺在座椅上的朱崇,一下绷直了身子,吼声:“将这厮扒开来看看!”

话音刚落,朱崇的护卫扑了上来,将沈百年按在地上,三把两把便扯光了身上衣服,现出满身肥肉和脖子上的玉玲珑。那玉玲珑正发出泠泠的声响呢。

朱崇从脖子上摘下块一样的玉玲珑,怒骂道:“你这厮吃豹子胆了,竟敢偷本王?!”原来朱崇得到块碧玉,找能工巧匠,打制成一雌一雄两只玉玲珑。这玉玲珑仿佛有情有义的爱侣,只要隔上点距离,便会发出如呼如唤相互唱和的泠泠声。前几天刚到洪城,就有只玉玲珑不翼而飞了。朱崇的手下几乎全都出动,却一点消息也没查出。便想将洪城士绅找来,要他们协助查探。没想到那只雌的玉玲珑,竟在沈百年身上唱开了。

沈百年脸色如土,本想分辩玉佩是在三老婆屋中拾的。可一想,三老婆和沈福都被自己杀了,找谁证明去?吓得烂泥般瘫倒在地上了。

奉命查抄沈家的人马,要么查出颗明珠,是城里某富户家的;要么查出锭银子,上面还赫然有官印,分明是府衙里失窃的库银……一路查到后花院,却见有座假山下泥土新鲜,分明才移动过,移开假山,便看到下面两具血肉模糊的尸体。再看旁边一座假山,也很蹊跷,结果又发现两具尸体……

朱崇大笔一挥,给沈百年来了个“斩立决”。沈百年到死都不明白,那玉玲珑怎么到了三老婆屋中。他哪里知道,这都是秦吉了为了复仇安排的,将盗来的玉玲珑放到了床下,再伪装沈福和三老婆的声音,残忍又贪心的沈百年果然中计。那些明珠银两,本是秦吉了偷来给红玉做嫁妆的,后来全都衔到沈百年屋里。

红玉和柳子轩,被重新安葬在花果山下。那只秦吉了,在墓前旋飞了好久,最后一头撞死在墓石上……

天衣有缝

这天，洪城捕头高兴宇正在乡下给岳父庆寿，突然接到紧急传招，说是出大事了——青堤盐监局押送的三万两盐银和护送的五个盐丁、一个盐监吏，在去往洪城的路上，水银般蒸发了。

青堤紧傍涪江，是川中最大的水陆码头之一。一向行商云集，船楫如云。洪城有川中盐仓美誉，所产精盐大多在青堤盐监局发售。盐银则按季押送洪城归库。今日是盐银入库的日子，直到未申之交，按理早该押送到的盐银，却影儿也没见。盐大吏何立大感不安，青堤距离洪城也就两个时辰脚程，更何况盐监胥行三，脑子里像装了个沙漏，守时得很，从来都是午时差一刻准定到达。如此一想，更不敢耽搁，立刻派人快马查看究竟。心急火燎等回消息，却是连人带银不翼而飞了。吓得他魂飞魄散，忙不迭禀报了知府温知节。温知节也惊得一身冷汗，一边着人传招高兴宇，一边调派人手，连夜沿青堤至洪城官道查勘。

高兴宇赶回洪城，见过温知节后，马不停蹄立刻出城，沿青堤官道查找线索。跟他一道的盐大吏何立，如丧考妣般哭丧着脸，嘀咕道："三万两盐银，六条人命啊，到底何方神圣，有如此手段?!"也难怪他如此说，洪城地方一向靖平,根本没有成股的山匪豪贼。况且胥行三行武出生,寻常七八个人根本近不得他身,再加上五个盐丁,要想劫银,绝非易事,更别说连人带银,一窝儿全端了!

出城没多久,便遇到头拨查勘的人回来了。这拨人是沿路查勘的,说在离青堤五里的太平桥头,开茶铺的张老汉,在巳时一刻看到胥行三一行经过,还给他们一人盛了碗茶。然而在太平桥后,过一线崖,到老渡口,就再也没有人看到过胥行三一行了。

一听说一线崖,高兴宇心里“咯噔”一下。作捕十年,洪城大大小小乡集村寨,他已走了个遍。对一线崖,他印象极深,不仅是因为一线崖是青堤至洪城必经之道,更是因为一线崖的险!太平桥与老渡口之间是一扇直插涪江的峭壁,连通两端的便是开凿在崖腰的五尺窄道。人行道上,胆儿小的,真觉得命悬一线哩!往上看,怪石峥嵘,张牙舞爪,几欲飞坠。往下看,江流飞泄,浊浪排空,如怒如疯。是以这段路,人便称为“一线崖”了。如果胥行三一行遇劫,会不会在此路段?那行劫之人,预先设伏,然后来个措手不及?继而将这路段仔细回想了遍,跟着苦笑着摇了摇头,否定了自己的推测。一线崖长约二里,左为悬崖,右是峭壁,攀附尚且不易,更别说藏身设伏了。

这么想着,看看已到了老渡口。老渡口是官渡,守着渡口的老李老张,也是吃官粮的,见了高兴宇,一齐过来见过礼。高兴宇立在渡口,往一线崖方向张望,但见道分两岔,一条奔这渡口而来,一条顺着崖脚,隐进崖下林里。口里问道:“昨天渡江的人,有多少人?其中可有异常的?”

那老李沉吟着道:“昨日洪城不逢集,所以过江的人不过一百个左右的光景。若是逢集,总有五六百吧!异常的哪里有?我在这老渡口三十年了,这过江的人,来来回回,差不多都成熟脸孔了。”

高兴宇点点头,指着一线崖出来的岔道,又问:“那是往柳树沱去的吧?

昨日上午,可有成群的人经过?”

那老李想了想,恍然大悟般猛地一拍大腿。“哎呀,昨儿个约摸午时光景,是有一群人从一线崖过来,往柳树沱去了。好像是杂耍班子,男男女女都有,提着花枪彩刀呢。莫不是他们坏了胥盐监等性命?”

高兴宇心里一震,忙问道:“他们大约多少人? 可有大的辎重?”

那老张昨日也只是一晃眼间看到的,跟着那帮人便隐进了道中林里。这会儿高兴宇追问,只急得挠头皮,却也说不出个究竟了。“好像,好像有十来个人吧……背包携伞好像有……”高兴宇不敢怠慢,立刻调拨人手,朝柳树沱方向查找那帮人下落。

三个时辰后,高兴宇等人找到了那个杂耍班子。正是柳树逢集,那班人在集外空场子里,扯着个圈子,场边上有个留小胡子的中年人,手提铜锣,一边敲一边卖力吆喝,场中几个小童,收拾得花里胡哨,正玩着翻筋斗拿大顶的玩意。见公差驱散看客,从四面围来,那中年人立时着了慌,“官爷,这是为何?”公差也不搭话,呼喝着便把铁链往他身上套。高兴宇放眼一看,心里顿时凉了半截,场中虽有近十个人,但除了这小胡子一个成年人,其他全是十二三岁的孩童,见虎狼似的公差,全都吓得一动不敢动了,有两个年龄小的,已哇哇哭出了声。高兴宇抬手制止住公差,朝向已吓得脸色蜡黄的中年人问道:“你这班子,就你和这帮娃娃?”

中年人连连点头,“官爷,小的带着这帮娃娃,走镇串集营生,一向本分守法啊。”

接下来,中年人说他是三天前到的青堤,在集上耍了两场,住了一晚,昨日来赶柳树的集。说着指着场口买布的商贩,“昨日与我们结伴的,还有那位杨掌柜。”叫过商贩一问,那商贩原是青堤人,成日串集贩布,昨日确实与这杂耍班一道的。

高兴宇心知这一趟是白跑了,从兜里掏出一把大钱放进中年人手里,歉疚地说:“对不住,耽搁你营生了。对了,昨天一路过来,可有见过啥异常人?”中年人费力想了想,最后茫然摇了摇头。高兴宇好生失望,回头要走时,有个胆大的娃娃却说:“我看到个异样的人。”一问之下,却啼笑皆非,原来这孩子看到的是个破衣烂衫的疯子。那贩布的杨掌柜往那孩子头上一拍,笑骂道:“别看那疯子游魂野鬼样,人家哥哥可是官老爷呢,当心抓你吃官司。”话一出口,却想到一帮公差官老爷正站在周围,忙讪笑着,退回自己布摊。

见找不出啥线索,高兴宇只好带着人往回走。路上,何立叹息着道:“如果胥行三真失踪了,那疯子怕是也活不长了。”见高兴宇不太明白,何立解释说,胥行三无妻室儿女,赴任时便只带了个疯子弟弟。如果不是胥行三看护,那疯子早就饿死冻死了。听这么一说,高兴宇不禁也有些神色黯然。

这一往返,几个时辰便过去了。高兴宇心知一时也难以找出头绪,看看大家,也都劳乏不堪了,便决定在青堤盐监局住一晚。盐监局共三重大院,进门一条过车的青石板道,一直通到最里那重院子。第一重院是平常售盐的铺子,第二重院是囤盐的仓库。第三重院中,左右两排房子是青石作墙的银库;中间对着道的,是几间值夜盐丁住处,这一夜,众人便住在这里。

高兴宇躺在床上,却怎么也合不上眼。飞鸟过了也该有影,可胥行三一行,怎会凭空就不见了?正思来想去,却听得院后哗啦有声。细一听,原是江涛汹涌。盐监局后院,本就临着涪江,是以江涛拍岸,哗啦有声。耳听着江涛声,高兴宇感觉似乎有了点头绪,但细细理来,却又没个究竟……

第二日一早起来,高兴宇在院子里随意走动,觉着空气里夹着股粪臭,还以为有人在茅坑出粪呢。叫过个盐丁一问,那盐丁却说没人出粪,指着院角一道门,说臭味是从里面出来的。“也不晓得那疯子在搞啥名堂,弄得盐监局全是股子大粪味了。”高兴宇想起胥行三的疯子弟弟,便说要去看看他。那盐丁大是不愿,嘀咕道:“邋遢得要命,有什么好看?”见高兴宇并不接茬,只好“嘎吱”一声推开院门。院落不大,中间丈余大个院子,铺着青石板。三面环着五间门房,粪臭便是自左角靠墙的茅坑散发出的,茅坑旁还码放着几块石板,大概是当初铺院剩下的。盐丁指指旁边小屋,说疯子胥五就住这里。过去一推门,喊声:“胥五,捕头老爷来看你了。”院里粪臭原本浓郁,可门一开又多了几分既酸且腐的气息。屋里光线极暗,只摆放着简单的桌椅,被唤作胥五的人,蓬头垢面,正坐在桌前,手里捏着只干硬了的馒头,伸长舌头,在馒头上来来回回添。抬头见了高兴宇,哧哧笑道:“吃,吃,吃……”说着便捏了个馒头,热情地往高兴宇手里塞。高兴宇哭笑不得,只好退了出来。

站在院中,高兴宇脸上突然露出莫明其妙的表情,回头又盯着茅坑看了片刻,然后若有所思地出了小院。叫来几个得力公差,如此这般一阵吩咐后,自己重新躺回床上,拉上被子,居然蒙头大睡。盐大吏何立进来时,高兴宇睡得正酣呢。何立急得忙把他推醒,“高捕头,你你你,案子要紧,怎的白日里还睡得下?!”没想到高兴宇不置可否地一笑,“昨夜没睡好。不补上一觉,案子办得也就没精神了。放心,如果不出意外,今天案子便有分晓!”说完倒头又睡。何立气得吹胡子瞪眼珠,可愣拿高兴宇没法,心想真要能破那便好,要是胡吹胡子拉大气,定要请知府治你怠慢之罪。

晌午时分,分派出去的人陆续回来了,睡得神清气饱的高兴宇听了探回的消息,立刻找来何立,笑道:“何大吏,这案子现在可破了!”何立哪肯相信,却见高兴宇信心十足,不由又惊又疑,“谁作的案?”高兴宇笑道:“你来便知。”说着带头走进后院。

疯子胥五,正痴愣愣地立在院中,见众人进来,嘿嘿直笑,一边拍着手,一边说:“吃、吃、吃……”高兴宇信手一指胥五:“作案的人,就是他了!”

何立惊得差点跳了起来,“你疯了?他可是个疯子!”

高兴宇道:“他若真是疯子,那我也是疯子了。”那疯子胥五分明一愣,跟着傻笑着指点着众人，"疯子，都是疯子，嘿嘿。"

高兴宇冷冷一笑："你还再指？可就是你的手指让你露馅的。"胥五凭空指点的手竟突地像僵了般，满是黑垢的脸上看不到表情，但眼里却分明是狐疑。"你身上够脏，可惜，指甲缝却脏得少了。最容易藏污纳垢的，本是指甲缝才对！当然，你还可以继续装，不过，等会我在茅坑里起出盐银时，你怕是再也装不下去了。"

胥五浑身一震，不敢相信地朝茅坑方向看了一眼，跟着一声叹息，脸上疯傻的表情一扫而没，"你是如何发现的？"

"粪臭。粪水积淀，臭息下沉。但几万两银子下去，积淀物上翻，想不臭都难。"停了停，又说，"还有，押银前夜，值夜的人和你喝过酒，你自然可以下药将他们迷倒，将银车推进小院，将银两取出，装上青石板和你疯弟弟。行到一线崖时，以你身手，突然发难，寻常盐丁哪能抵挡？既得手，即连人带车，抛于江中，再假扮疯子，潜回城中，造成人银不翼而飞的假象。只可惜守城的兵丁，只见过疯子进城，却想不起你啥时出城。巳时一刻，盐银从太平桥经过，巳午之交，杂耍班子在一线崖遇到你，你自是从一线崖过来，可老渡口和往柳树方向，却没人见过你。我派出去的人，也已在一线崖下游湾流处，捞起银车残片。如此，你还有何话说？"

胥五颓然道："想我胥行三，在沙场上冲锋陷阵，立下无数战功，临了却只配当个盐监！经手无数白花花银子，年俸却不过区区四十两。加上个疯子拖累，连老婆也娶不上。这如何叫我甘心？没想到原以为天衣无缝的计划，竟如此快便露了底。"说完长叹一声，整个人顿时委顿下去……

偶人计

这天,洪城来了个六十望外年纪,脸上皱纹阡陌像棵老桑树疙瘩的老头儿。老头儿背着口大竹箱子,走到德胜街,在街中一片空地上停下来。从大竹箱子里取出一大堆东西,都是些木头雕刻的偶人,全都尺来高。穿青衣着小帽,腰里夹着把小纸伞的,看过川剧“断桥”的,一看便知那是许仙;那戴束发紫金冠,左手掩在眉头处作眺望状,左手倒提如意金箍棒的,非“齐天大圣”孙悟空莫属;手擎九层云塔,金刚怒目的是托塔李天王;扛九齿钉耙,裸胸露乳两耳齐肩的,当然是猪八戒……

那老头儿将一般偶人全摆在空地上,不一刻工夫,便围过来不少人。洪城里隔三岔五,也会有表演“木偶戏”的,人物一般没老头儿摆出的大,但形象神态都差不多。表演时一般用竹子木头搭成上下两层的台子,下层四周围上布帐,人藏身于帐下,将偶人支在上层台子上,操纵连接在偶人手足头颈上的十六根或者三十二根细线,令偶人做出各样造型,帐下人一边敲锣击钹,一边配以唱词道白,演绎剧情。可这老头儿摆出的偶人,全身上下既没有穿上线的地方,也不见老头儿要张罗个台子什么的,围上来的人都有些不明白了,弄不清这老头儿要玩什么把戏。

看看已经围上十来号人了，老头儿向四周抱拳行了个礼："小老儿靠杂耍营生，初到洪城，望父老兄弟多多担待，多多捧场。"说到这里，挨个儿将空地上的偶人一个个拾起来，在脚心下一摁，然后重新将偶人放到地上。真是奇了，凡是被老头儿摁过的偶人，立刻开始了动作。那许仙先是抬头看天，好像感觉天色不对，大雨即刻便至，左手抬起在额上一拍，似乎暗自庆幸自己正好带了伞，跟着从腋下取过伞，双手捧着向上一撑，那伞"嘭"的一声便张开了。一只手将伞撑过头顶，另一只手竟撩起青布片做成的袍襟，掖在腰下，分明是怕被溅起的雨水给打湿了。等袍襟掖好，便在场地中央踢踢踏踏走动起来。那孙悟空在摁过之后，左手掩着的眼睛竟然转动起来，一会儿红色，一会儿金色，屈着膝盖蹦上跳下，猴劲十足……

围观的人都齐声叫起好来！偶人戏虽然谁都看过，可像这般不需人操纵便能做出各种惟妙惟肖动作的偶人，却是谁也没见过啊。一时间老头儿的摊子周围，男女老少挤得满满当当，一边指指点点，一边品头论足。

偶人表演约摸进行了半个时辰，街口过来几个人，当中一个斜眼吊嘴，能并排过三头牛的大街几乎都不够他走的，就是洪城驻防营统领张岐的儿子张延。这张延虽只有十四五岁，但仗着他老子的权势，在洪城作威作福的钟头早就响当当的了。这当口瞧见那边的热闹，哪里还有不凑过去的，便阴阳怪气地说道："噫，又有啥子热闹好看了？"不用吩咐，家丁立刻心领神会，几步窜过去，抓住人墙外两个正探长脖子往里张望的人一掀，口里不干不净地骂开了："龟儿子，没长眼睛哈？挡住咱家少爷的路了！"那猝不及防的两人被掀了个四仰八叉，一看是张延等人，都敢怒不敢言，爬起来不声不响便走了。其他围观的人一看这阵势，"呼"地一声，十成便走了九成。

张延大模大样地往前一站，看着正缓步走着的许仙，正上蹦下跳的孙悟空，哈哈一下乐了："好耍好耍。"他一把抓起孙悟空，便在手里拨弄开了。老头儿正为围观的人大多散了，一副愁眉苦脸的样子。一听张延这样说，赶紧接过话头:“少爷,小老儿靠杂耍混口饭吃。你都说这好耍了,可得打赏小老儿几个饭钱啊。”张延手里捏着两眼骨碌碌乱转的孙悟空,眼珠子往天上一翻,说道:“本少爷其他啥子都缺,就是不缺钱!只要能耍得本少爷开心,本少爷一定好好打赏你。老头儿,还有啥好耍的把戏,都给本少爷好好耍出来瞧瞧!”

一听此言,老头儿眉开眼笑了,转身从箱里捧出个尺二高的偶人。那偶人是一人一骑,马像炭团样毫无丁点杂色,骑马者是个红脸无须顶盔贯甲的汉子,左腰悬短剑右腰悬长弓,背上斜挎着装满竹箭的箭囊。张延一见,眼睛都红了:“这是个啥人物?做得好啊!”老头儿笑道:“这是‘飞将军’李广。”说完在马腹下一摁,再将那一人一骑放到地上,但见那马屈膝腾身,四蹄翻动,竟围着场地跑开了。那马上飞将军,神采飞扬,脚尖不停地磕着马刺,马围着场地跑了约摸两圈,飞将军身子向后微仰,从腰间摘下弓来,反手从背后箭囊拔出支竹箭,搭箭拈弦,那弓张得如同一轮满月样,身子向后一拧,朝向竹箱,“嘣”的一声弦响,竹箭离弓疾射而出,射在竹箱上。箭一射出,飞将军重新回头,马围着场地又兜了两圈。两圈刚完,飞将军再一次拈弓搭箭,将箭射出,不偏不倚,竟射在第一支箭箭尾……

张延看得两眼发直,手里捏着的孙悟空“扑通”一声掉在了地上也恍然不觉,那几个家丁也全都目瞪口呆了。直到第七支箭射出了,那马足才渐渐缓慢下来,飞将军重新将弓放回腰间。好一阵子张延才回过神来,迷迷沌沌地问老头儿:“老头儿,你耍了什么妖法?竟将个偶人耍得如此神乎?”

老头儿哈哈一笑:“诸葛武侯当年七出祁山时,便能做出行走自如的木牛流马,只要拔了舌头便一动不动,安上舌头便行走如飞。小老儿不过捡诸葛武侯的样罢了。”张延虽然读书不多,但诸葛亮做木牛流马的事却是知道的。眼珠儿一转,打上那飞将军的主意了。“老头儿,这飞将军本少爷看上啦。”说着也不管那老头儿愿意不愿意,向家丁一挥手,两个家丁扑了过去,将飞将军抢在了手里。老头儿一脸惊惶,连声叫道:“公子,要不得,要不得……”张延哪管那些,从兜里掏出点碎银子,随手抛到地上,然后哈哈大笑着得意洋洋地扬长而去。

张延回到统领府自己的书房,便立刻开始耍弄那偶人了。到了中午时分,张岐从驻防营回到府内,正要吃饭时,看着围桌而坐的家里人单单少了张延,便随口问道:“延儿呢?”上午和张延一起出去的家丁接口说道:“少爷肯定在玩偶人。”张岐一愣,“玩偶人?”“是啊是啊。少爷上午弄了个偶人来,只一按机关,便能跳能蹦呢……”家丁正想添油加醋地将上午的事讲述一遍,不曾想张岐脸色突然变了,跟着从桌边一冲而起,从旁边的兵器架上取下柄单刀,径直往张延的书房奔去。

原来,这洪城驻防营统领张岐和另一个叫周成泰的,本是太平军翼王石达开左右爱将。那周成泰不但喜欢研究周易八卦奇门遁甲之类的东西,更精于制作各种偶人。翼王兵败被重重包围在大渡河畔,周成泰取河畔老树做成翼王形象,除了不会发声说话,动作形态竟与常人无异。原想用这偶人形象牵制清兵,让翼王乘乱脱身,可是翼王发誓要和三千士卒同生共死才只好作罢。这期间张岐投靠了四川总督骆秉章,将突围方案和兵力情况传了出去,导致翼王和周成泰等将士全壮烈牺牲。因此,张岐一听说能跳能蹦的偶人,立刻便想到精于此道的周成泰,哪里还坐得住?

到了张延的书房,张延正朝着门坐在地上,怀抱着那偶人,一边胡乱在马腹下乱拍乱摁,一边在嘴里骂骂咧咧。原来张延回到屋中,也学那老头儿在黑马肚子下木制按钮上一摁,可那马却一动不动。任他又拍又摁,一点也不见效。张岐定睛一看,那红脸飞将军竟和周成泰一般模样,连那眉那眼也如同一个模子翻出来的一般,心里叫声不好,脱口便恶狠狠地吼道:“延儿,快,快扔开那鬼东西!”

张延闹不明白,他老子怎么会如此紧张,抬头看着张岐,还来不及说话,那飞将军一手从腰间摘弓，一手从背后拔箭，眨眼间便射出一箭，箭竟直奔张岐咽喉。张岐原来一身武艺，更加上早有防范，横刀在颈上一格，那箭叮当一声，便挡落下地。哪知还来不及换气，飞将军箭如连珠，嘣嘣嘣几声弦响，连环七箭全都疾射而出，张岐手中刀上拦下格，挡下了五支，有一支箭却从后面兜了个圈，扑地从张岐后颈射进去，从咽喉处射出来。一道血线疾喷而出，张岐连哼都来不及哼一声，便倒在地上翘了辫子。

张岐被偶人刺杀的消息立刻传开了。人们一边说着“自作孽，不可活”一类的话时，一面都在纳闷，偶人能蹦能跳倒也不算稀奇，毕竟诸葛孔明曾经做过木牛流马嘛，只是那偶人飞将军，为啥竟只射张岐，而且箭还会兜圈子？解铃还需系铃人，最能解释这事的，看来只有那耍偶人的老头儿了，可是驻防营和府衙的人倾巢出动，水路陆路层层设卡，将洪城方圆百里的地方翻了个底朝天，那老头儿竟如上天入地了般，带着这个解不开的谜不知所踪了。人们只从那老头儿的年龄估算，大概他是周正泰的师尊或者父辈了。

午夜兰花

鬼手陈七

清末民初那阵子，射洪最响当当的大户是陈家。那时候县城还在今天的金华镇，陈家在西门口，开着全城最大的茶楼。临街亮堂堂七间大屋，一气连通，楼上楼下两层，可摆两百来张茶桌子。从中门进去，另有一厅堂，摆了十二张桌子，专门接待赌客的。

陈七是赌场的少东家，练就了出神入化的赌技。三粒骰子入钵，随你摇来晃去，他说是七点，开了来看，既不会是八点，也不会是六点。掷六粒骰子进钵，稀里哗啦一阵摇，六粒骰子一粒一粒叠起，能弄一柱擎天。最上一粒，就一点。与人推牌九，他不坐庄，只将每张牌看一遍，然后任你搓开叠起，随手拈出来的，都是大小通吃的豹子！更厉害的是，有人和他打赌，将骰子六点那面向上放在桌上，然后用钵罩了，他说是四点，开了来看果然是四点。围观的几十个人眼睛瞪得像汤圆，也没能看出他使了什么手法。二十岁出头，就得了个“鬼手”的名号。

你要说他都那样子了，谁还敢来，来了不是白白送钱么？没事，你可以放心下注，赌场的荷官，都是陈家一般子弟，陈七的本事是压箱笼的。除非场子里来了财大气粗、出手阔绰，看阵势明显是来挑刺儿踢场的，他才出来镇场子。

说着就还真来了一个人呢,是潼川府人,叫张结巴。张结巴在赌方面也有些造化,来了就点名要和陈七赌。陈七先淡然一笑,不理会。一会场里的人来说,不去看来不行了,张结巴出手就是一百块龙洋,吓得开宝的子弟不敢启钵。陈七去问他爹陈老太爷,老太爷沉吟着说:"一注一百块龙洋的主儿,一定弱不了。你要小心,适可而止。"陈七不以为然地"嘿嘿"一笑,就着盆清凉的井水,干干净净洗了手,然后换了身月白长衫,施施然出来了。

张结巴是个奔三十的汉子,牛眼鼓突,一看就不是个善角儿,挑了张桌子坐下来,开口就说:"我带了五百块龙洋,敢收不?"

陈七微笑道:"咱是开赌场的,自然是来者不拒。你赌什么我收什么。"

"爽快!那咱们一局定乾坤,赌骰子比大小。"张结巴一巴掌拍在桌上。陈七一挥手,立刻有人送上副崭新的牛骨骰子。张结巴探手抓起骰子,握在掌心看似随意地晃了两晃,然后两个指头挟着粒骰子,声色不动,"啵"一声响,牛骨骰子碎成了粉末。原来赌场里,大多会在骰子上做手脚,骰子掏空,注上水银,水银体重,掷点时哪方受力多,哪方就先倒下,向上一面就是自己想要的点子。大凡豪赌,都得验骰子,但能像张结巴这般轻描淡写便捏碎骰子的,却绝无仅有。分明是以验骰为名,卖弄手上的功夫。陈七哪里看不出?只轻轻一笑,做了个请的手势。

张结巴手握铜钵,钵口朝下,顺着桌面轻轻一刮,三粒骰子便尽入钵中。也不用铜板扣钵,钵口朝下就哗啦啦摇开了,只听得碰撞声犹如疾风骤雨,钵里骰子追星赶月般。围观的赌徒一齐喝了声彩,"好功夫!"片刻间手一顿,"咚"地将钵扣在桌上,脸露得意地移开铜钵。赌徒们又喝开了彩,三粒骰子都是六点那面朝上,十八点大!

轮到陈七摇骰了。旁边的人手心里都捏了把汗。因为即使陈七也摇出十八点,也不过斗个平手。陈七挽起长衫袖筒,左手往桌上一拍,三粒骰子全被震得跳离桌面，右手铜钵一抄，将凌空的骰子收入钵中。跟着手臂微晃，看似漫不经心，那骰子却已在钵中响开了。与张结巴不同，张结巴摇骰时声如疾风骤雨，陈七摇出来的声音却像是小窗细雨般。一般赌徒不明就里，只是一味叫好，张结巴却面露凝重之色。他自然知道，自己摇骰时弄出那么大的声响，全是因为用最快的摇晃速度，控制着骰子不从向下的钵口跌落，像陈七这般将力度把握得分毫不差控制骰子，比自己至少胜出一筹了，但一想到最多也只能摇出个十八点时，心里又坦然了许多。

一阵摇晃后，陈七手一沉，将钵扣在桌上。然后猛地将钵揭开，赌徒们全都惊诧地叫出了声，张结巴心里却一沉，桌面上骰子显示的点数，分明是十九点。有粒骰子断下一个角，那角上刚好一点！

张结巴脸色正阴晴不定，那陈七接过家人递来的布帕，潇洒地拭着手，嘴上说："来，给张大爷上茶。"说这话，就是胜负已分要送客的意思了。

张结巴一听这话，脸上却搁不住了。冷笑道："你是不是说过，我赌什么你收什么？"

陈七点点头。

"好！"张结巴蹦起来，从腰里拔出一柄明晃晃的尖刀，摁在左手小指头上。"我赌一根指头，推牌九。"

陈七默然好一阵才说："身体发肤，受之父母。张大爷是不是赌得太离谱了些？"

张结巴眼也不眨，定定地瞅着陈七，只问："你赌还是不赌？"

陈七放下布帕说："好。你赢了五百两银子你带走。"

家人立刻捧上副骨牌，陈七稀里哗啦一阵搓了，做了个请的手势，"你先。"

张结巴略迟疑了下，抓了副过来。翻开一看，冷汗淋漓而下。抓起刀一划，一截活生生的指头便留在了桌上。那翻开的牌，是副通赔的弊十。弊十是最背的牌，即使庄家也是副弊十，却也能吃闲家。张结巴也就没心思看陈七的牌了。“好，我张结巴愿赌服输。山水有相逢，咱们来日方长。”说完捧着滴血的手走了，脚下有些恍惚。

张结巴走好远了。陈七舒了口气，从兜里掏出汗巾，在额头拭了拭，不知不觉，也淌汗了呢。

一个子弟将牌九悄悄翻来看，眼珠差点跌到脚背上，全部是十点，任何两张牌凑拢，都是只输不赢的弊十。牌是自己端来的，张结巴也验过，明明是一副全牌啊。再看穿月白长衫清清爽爽的陈七，绝不像藏过牌的样子。张结巴算是会家子，都没看出来。那三十二张牌，陈七是咋换的？换了藏哪里了？

老太爷从里屋出来了，叹息着说：“咱家能开这赌场，不单是有各方面照应，还在于有分寸。凡事留三分余地，给自己留条退路，穷寇莫追呀。大凡恶赌的，都是不要命的狠角，你这样梁子可就结下了。”

陈七脸上出汗了，后悔自己年轻气盛，嘴里却硬撑，说道：“兵来将挡，水来土掩。怕了不成？”

“真要是这样，那就更得出事。”老太爷跺着脚又一通教训。

没过几年，陈老太爷病故，赌场由陈七接手打理，陈家家业更大了。但进了民国，赶上戒烟戒赌，陈七便关了赌场，将城里的店铺租了出去，清清闲闲过日子。

这年，军阀田讼尧的一个步兵师进驻了潼川。驻在射洪的一个旅，旅长竟是张结巴。头儿夜刚驻好营，第二天便来到了陈家。

陈七正和射洪几个士绅喝茶说话，看见一身戎装带荷枪实弹马弁的张结巴，愣了愣。拱手道：“原来是张大爷，失迎失迎。”

张结巴一边用马鞭敲着靴帮，一边说：“张某人这些年一直为那年未能赌得尽兴耿耿于怀，还好山水有相逢，被田军长派驻射洪。今天你这正好有这几位射洪士绅，便请他们作证，咱们再赌一局吧。”

陈七面露难色：“我已经很久不赌了。”

张结巴嘿嘿一笑，语气里已带上了威胁的味道。“怎么的，不给张某人这个薄面？”那几个马弁都把手搭在了匣子枪上，那样子似乎陈七只要说声“不肯”便要拔枪似的。

陈七叹息一声，心知不赌不行了，只好问道：“张大爷说赌什么？骰子还是牌九？”

张结巴摇晃着手说：“咱们今天得换点新花样了。”说着从腰里枪匣里拔出支短枪。“张某人这支法国造左轮枪，能装七粒子弹。”轻轻一旋弹仓，将七粒子弹倒入掌中。然后拣出一粒，塞进弹仓，再一旋，那弹仓滴溜溜转得飞快，转了几圈，扬手“拍”地合上，才说：“现在枪里只有一粒子弹了，你来猜猜看，哪一次有。你说有的，咱就不扣那扳机。若说没有，咱就检验一下如何？”说完顺手将枪递给个马弁，那马弁接过枪，手一抬，枪口就对准了陈七额头。那几个士绅相顾失色，这样的赌法，闻所未闻，更不要说见到了，这陈七八成凶多吉少了。

陈七脸色一白，无奈地苦笑道：“陈某就只好凭运气了。”

张结巴一挥手，那马弁将指头搭在扳机上，冷冰冰说道：“第一枪”。

屋子里一下子静得只剩下陈七的喘息声，那几个士绅全都屏住呼吸，眼都不眨地盯着陈七紧抿着的嘴，似乎那子弹不是从枪膛里射出，而是从他嘴里。陈七脸上一阵红一阵白，一阵青一阵紫，几乎耗了半刻功夫才艰难地说：“没有。”马弁搭在扳机上的指头立刻摁了下去，士绅们心里全都一紧，“嗒”的一声响，只听见空洞的扳机撞击声，果然没有子弹。

“第二枪。”马弁面无表情地说道。

陈七额角上现出汗迹，嘶声道：“没有。”

士绅们心都被提到嗓子眼儿上了，眼睁睁看着马弁慢慢摁下扳机，

“嗒”,仍然是扳机撞击声,没有子弹出膛……

一连猜了六次,陈七都说没有。那几个士绅,都松了口气,既然前面六次都没有子弹,最后这一次,自然是有了,陈七果然也不假思索地说道:“有。”

张结巴哈哈大笑,笑声中马弁猛地摁下了扳机。士绅中有人惊叫出了声,那枪膛里却没发出意料中的炸响,只听得扳机“嗒”一声空响过,仍然没有子弹。

满头大汗的陈七一下子脸色灰白,颓然瘫坐在椅子上。

张结巴张开手,七粒黄灿灿的子弹叮叮当当掉在了地上。“这枪里,张某人压根儿就没装子弹!”那几个士绅全都瞪大了眼,刚才明明看见张结巴往弹仓里塞子弹的,这会儿咋就没了?

张结巴鼓突着眼睛,怪笑道:“今日就点到为止,改日张某再来叨扰。”说完领着马弁,扬长而去。

输了这局的陈七,整个人一下子像老了一截,送走那几个士绅后,儿子陈玉劝慰他说:“爹,胜败本是常事……”

陈七叹了口气。“你以为爹输了?”

“赌博一途,重在手疾眼快。手疾可变换局面,但若没有眼快为先,何以了解局面是利是弊?眼快手疾才是正说。张结巴装弹时,爹已看清他只是虚晃一枪,却并没有装下子弹。他初来射洪,爹在射洪多少有些影响,他不至于先杀爹报断指之仇,而让射洪士绅心存芥蒂。这次来的目的,不过是要先羞辱我一场。”

陈玉大惑不解:“那,你怎么却说有弹?”

陈七叹息道:“当年爹少年气盛,才结下这梁子。张结巴断不会善罢甘休,不如先示弱……”

这天夜里,陈家院子燃起了冲天大火,火光映红了半边天空。正是立秋以后,秋高气爽,那火势惊心动魄,从午夜一直燃到黎明,陈家院子已烧成了焦炭。

鬼手陈七一家,在大火后都不见了踪影。有人说他们烧死在大火中了,也有人说他们在上半夜乘船顺涪江走了,是真是假,谁也说不清。不过驻军里有消息说,张结巴最宠爱的三姨太叫张结巴吃饭,却差点给一枪打死……

奇技擒匪

老县城金华往下十里,距离连通绵州官道不远处有座突起的巨岩,高约百丈,刀砍斧削般陡峭,岩顶有数亩地大小,几眼终年不断的山泉,汩汩往外涌着泉水,岩顶水洼满了,便溢出来顺着岩缝往下淌,于是岩壁上水流滴答,终年不断。时间久了,岩壁上全爬满了滑溜溜的苔藓,近处的人都叫这岩为滴水岩。明神宗年间,有一伙土匪相中了这天然险处,在岩顶设置铰磨轱辘,凌空悬着竹筐。匪徒要上下岩时,便转动铰磨,或收或放系于轱辘上的油绳。无人上下时,便将竹筐拉至岩顶悬着。专干打劫过往行商,劫掠邻近乡民的勾当。官兵数次出动,全都无功而返。每当官兵前来攻打,众匪便窝在岩顶,居高临下与官兵对峙。官兵稍迫近些,便掀下滚石檑木,官兵一撤走,便重又下来烧杀劫掠。

这帮匪徒在岩顶数年,官府一直束手无策。后来竟惊动了巡抚大人。巡抚大人便责令射洪叶知县,一月内必须剿灭匪众。叶知县无计可施,不得已便张出榜来,说谁要能有剿灭匪徒的计谋,赏银三百两。消息传开,城里人无不脸红心跳,可是除了摇头叹息,谁也没个主意。都说除非可以像鸟一样飞,不然想要登上岩顶剿灭匪徒,那真是比登天还难了。三天过了,没人揭榜，叶知县又命人添赏银三百两，又过了三天，还是无人揭榜。晃眼间二十天了，赏银也添至了两千两，仍然无人揭榜。眼看限期只剩十天，连剿匪的主意也还没一个，叶知县急成了热锅上的蚂蚁。这天傍晚时分，知县正在县衙内冥思苦想破匪计谋，衙役进来禀报有人求见，说有破匪计谋。叶知县大喜，一迭连声叫快请快请。不一会求见的人进来了，原来是个四十开外的男子，又高又瘦，面若黄蜡，穿着打扮与市井里贩夫走卒差不多，一双眼睛倒是炯炯有神，进来了便向叶知县行礼，“草民孟易常拜见大人。”

此时叶知县也顾不上什么礼数了，赶紧问道：“你有何破匪良策?”

孟易常道：“草民并无破匪的计谋，不过想凭些微末技去擒那帮匪徒。”

叶知县心想，此人定是江湖中身怀绝技的能人异士，或许会飞檐走壁的功夫呢，便道：“那先生需要多少人帮忙?”

孟易常摇了摇头：“不用帮忙，草民一人去便行。”

叶知县暗自摇头，且莫说那帮匪徒有近百之众，全都剽悍异常，穷凶极恶，单是那滴水岩的天然险峻，凭一人之力登上岩顶也是痴人说梦了。心里想着，嘴里却问道：“你不是射洪人吧？是做什么营生的?”

孟易常回答道：“草民祖籍安州，是跑单帮的杂耍客。”

一听此言，叶知县气就上来了。原来这人只是个靠杂耍营生的下九流啊，看来八成儿是想那赏银想到患了失心疯了，才如此不知天高地厚！叶知县也懒得再说什么，当即就要挥手叫衙役轰他出去。孟易常看出叶知县脸上的不以为然了，笑笑说道：“大人只管多备些枷锁麻绳，明日此时，草民定将众匪带到。”不等叶知县有所表示，便躬身退下了。

那孟易常出了县衙，收拾一番，第二天天刚亮，便背着个竹箱一个人出发了，径直往滴水岩方向走去。一个时辰不到，已至滴水岩脚下。官道上冷冷清清，既不见车马也不见人影。孟易常正不紧不忙地走着，一声唿哨响过，树丛中蜂拥出七八个持刀弄枪的匪徒。“要想活命，留下值钱的家什！”当头那匪徒小头目喊道。

孟易常并不慌张,陪着笑脸道:“几位大爷,小人不过是行走江湖,靠卖杂耍伎俩求生的,哪有什么值钱的家什啊?”

小头目手中刀一晃,“既无值钱的家什,那就留下小命!”说着扬刀就要向孟易常砍来。

孟易常忙道:“大爷饶了小人,小人愿意弄些杂耍逗大爷们开心。”

那匪徒小头目来了兴趣:“拣你拿手的耍一两样,让大爷们看看。”

孟易常走到前面一块大石前,从地上拣块小石头放上去,然后从怀里掏出块布帕,向众匪抖了抖,再蒙在石头上,嘴里喃喃念叨几声,再将布帕揭开,嗨,那小石头已不见了,大石上分明放着个石榴。石榴青色的外壳有些微绽,香甜的石榴籽儿气味直往众匪鼻孔里钻。石榴只在仲秋才有,没想到现在已是隆冬时节了,也能变化出来。众匪徒眼瞪得铃铛大,竟没看出异样。那小头目弄出籽儿一尝,甜酸可口,新鲜得很呢。眼珠儿一转,心想岩上最少逗乐的法子,不如留着这人,看看他还有些什么把戏,便要将孟易常带上岩去。孟易常赶紧恳求,说自己上有老,下有小,全都等着自己卖艺挣钱养活。那头目眼一瞪,威胁说如果要走,便留下命来。孟易常只好不情不愿地跟着众匪。到了岩下,上面望风的匪徒立刻放下竹筐,将众人拉了上去。上了岩顶,小头目便带上孟易常去见匪首余大奎。余大奎鼓着一双金鱼眼,问道:“你都会些什么?”

孟易常苦着脸回答说:“大凡一般艺人会的,比如弄剑、跳丸、倒立、走索这些,小人都会。其他比如凭空取物、大变活人,小人也会一些。”

余大奎呵呵大笑,“妈了个巴子,既然你有这些本事,给兄弟们耍出来看看!”当即吩咐叫众匪徒在外面空地集合。等众匪徒全都聚齐了,余大奎向孟易常道:“一般的杂耍咱们都看过,就拣你最好看的耍出来瞧瞧。”

孟易常也不推辞,脱去身上棉袍,只穿件薄衣,站在场子中央。说道:

“我先要要凭空钓鱼。”打开竹箱，取出截长约丈许的棉线，向余大奎问道：“大爷，你想要钓啥鱼？”

余大奎眼珠一转，想要刁难一番，便道：“给我钓个三五斤水蜂子！”原来贯穿射洪全境的涪江河里，有种身体呈黑灰色，小而无鳞的鱼，因为体上生着的鳍全像针刺一般细而坚硬，要是被蜇了，那滋味比被马蜂蜇了还难受，所以被称为水蜂子。虽然肉味鲜美，但市集上却并不多见水蜂子。水蜂子一般生长在近岸浅水处的卵石缝中，长不过二三寸，顶大的也不过一两，要钓上三五斤，便得好几十条。余大奎以为孟易常定会被难住，没想到孟易常很爽快便答应了。孟易常将手中棉线向匪徒方向一抛，线头一下抖直，再回手一收，只听见“扑喇”一声响，棉线头儿上竟挂着只正扭曲身体活蹦乱跳的水蜂子。众匪徒齐声叫好。孟易常摘下棉线上的水蜂子，放到预先备着的瓦钵里，又将手中棉线一抛，回收时，线头上又是只活蹦乱跳的水蜂子，不一会工夫，便已钓了满满一钵，少说也有三五斤了。再看那水蜂子，身上水渍分明，好像刚从水中逮出，还带着浓浓的鱼腥味儿。余大奎高兴不已，连声吩咐：“还有啥本事，赶快要出来让老子们热闹热闹！”

孟易常道：“那我就要大变活人了。”他叫匪徒取来几块木头，支成两个一人高像箱子的框架，相隔四五步一左一右放好，再取出八块布，在框架四周挂上，将里面遮掩了。这才说：“哪位爷先来试试？”有匪徒跑了出来，愿意一试。孟易常揭开左边那框架的布，让匪徒钻了进去，放下布帘，口中念念有词，突地喝一声“走！”再揭开布帘，木框内空空如也，那匪徒竟不翼而飞了。众匪徒瞠目结舌，一时间都没反应过来，场地上鸦雀无声。孟易常走到右边木框前，一把揭开布帘，哇呀，那匪徒竟在木框内站着，两眼微闭，脸上似笑非笑，一副痴痴迷迷的样子。孟易常拍拍匪徒肩膀，匪徒才像梦中惊醒一般，睁开眼便大声说道：“他娘的，好安逸哟，我竟然跟小桃红睡了觉，而且还生了三个娃娃！”众匪徒哄笑开了。原来这匪徒一直对射洪有些名气的妓女小桃红垂涎欲滴，没想到进框出框，前后时间不过小半个时辰，竟然作了一场春梦。孟易常笑着说道：“我使这伎俩时，里面人想啥会遇上啥呢。”

一匪徒站了出来，说道：“龟儿子吹啥牛哦，老子一直想当县太爷，倒要试试看！”说着钻进木框内。孟易常照旧将布帘放下，念念有词一翻，再揭布帘时，这匪徒竟已立在另一木框里了。只见匪徒半闭着眼睛，一只手从光光的下巴向下摸，分明像在自得其乐地摸胡子。睁眼后立刻大呼小叫道：“他奶奶的！老子果真当了县太爷，还娶了七房小老婆，生了十来个娃娃！”

一下子众匪徒像炸开了锅，都嚷嚷着要试试，现在倒不是想要看孟易常的杂耍，而是想要去领受一番想啥是啥的美妙。孟易常不敢推拒，只好让众匪徒一一试了，果然，试过的匪徒无不眉飞色舞，有的说自己当了员外，有的说自己做了富商，也有的说自己当了大官。看到众匪徒眉开眼笑的样子，余大奎不觉也心痒痒的了，道：“老子也来试试！”说着钻进木框。等出来时，满脸的欢喜简直无法形容：“哈哈，老子当了皇帝老儿，还给各位兄弟都封了官儿……”

一番欢喜过了，余大奎向孟易常说道：“大伙儿好久没这样乐和乐和了，你龟儿有些本事嘛。往后就住在峰上，耍些把戏给兄弟们当乐子！还有些啥稀奇把戏，耍出来让兄弟们开开眼！”

孟易常不敢推辞，苦笑着道：“小人还会以绳攀天。”“那赶紧耍啊！”匪徒们齐声催促。孟易常便叫匪徒取来一盘筷头粗细的麻绳，长有数十丈。孟易常左手握成拳头样子，将麻绳头儿竖着握在中间，右手抓着麻绳，缓慢地向上塞，细软的麻绳头儿从手里升了起来，竟像根铁棍似的，笔直地竖着。随着右手塞进麻绳的增多，那铁棍便愈长。到后来一盘麻绳塞完，绳头儿已探入了云中。孟易常两手一放，退后几步，那麻绳像挂在空中物件上似的，竟然凭空耸立着。说声我要攀了，孟易常双手便搭在麻绳上，但见手脚并用，竟如猿猴一般，噌噌噌便向上攀去。众匪徒连喝彩都忘了，全都圆睁着眼,一眨不眨看着孟易常的动作。孟易常愈攀愈高,渐渐在绳上只现个细小的黑点,到最后竟然连黑点也不见了。

好哇！余大奎第一个跺着脚喝彩了。众匪徒这才像醒悟过来,无不大声叫好。叫好声中,一阵响动,那麻绳软软耷拉下来,再看天上,鸟影儿也不见一个,更别说孟易常的踪影了。妈呀,我们遇到神仙了！有匪徒“扑哧”一声跪下,往空中便“咚咚咚”直磕头。余大奎虽然不相信有什么神仙,但把脑袋瓜子都拍红了,也想不通到底孟易常到哪去了。

再说那叶知县,昨日并没有将孟易常的话当回事儿,早上已吩咐将赏银添至了三千两,但仍没人出来献策递招。叶知县急得喝茶无味吃饭不香,满嘴生出黄豆大小的燎泡,正在县衙内长吁短叹,衙役进来说,孟易常来了。叶知县哪有心思理会,挥手让衙役下去将他轰走。不曾想孟易常已经站在堂内,笑嘻嘻地说:“大人,草民来得还算准时吧?”

叶知县看着立在堂前孤身一人的孟易常,气不打一处出,连声喝道:“你这刁民,竟然戏弄本县,来呀,拖下去重重打上四十大板。”

话音才落,孟易常却不急不慌地笑着说道:“大人,滴水岩上九九八十一名匪徒,全数被我擒了。为何不拿出枷锁绳索绑缚匪徒,倒要先责打草民?我知道大人难以相信,这样吧,你做好缉拿匪徒的准备,如若草民有一句妄言,那时大人莫说打草民四十大板,即使要剐要杀,草民也没丁点儿异议!”

叶知县一听,自己先有些迷糊了。看那孟易常,目光炯炯,神色镇定自若,分明成竹在胸。可是两手空空,并无一物,八十一名匪徒会在哪里?不得已,只好抱着是神是鬼,试试再看的心思了,便依言吩咐三班衙役一齐到堂,备好枷锁绳索,然后告诫孟易常:“公堂之上,如有戏言,本府绝不饶你!”

孟易常道:“大人尽管放心!”说着也叫衙役取来些木条,连接成人高箱子样的框,再取出四块布,分别将四方遮了。准备完毕,向叶知县道:“先拿匪首余大奎!”说完一把揭开布帘,叶知县和一众衙役一时间全都目瞪口呆了，但见那匪首余大奎，蹲在框内，裤头蜕到膝盖处，分明正在出恭样。好一阵众人才回过神来，哪敢怠慢，立刻扑上去七手八脚将余大奎捆得像粽子一般。那余大奎却像仍在梦中，直到被衙役踢跪在地上，才迷迷糊糊地喝："龟儿子些，出个恭都不让老子安生，不想活了哈？"睁开眼睛一看，不觉魂飞魄散，自己怎么会被捉进县衙了？

叶知县这才知道，孟易常实在有非常本领，赶紧叫衙役们打点十二分精神，一个多时辰后，九九八十一个匪徒全被捉拿了。叶知县叫人抬来白花花纹银三千两，向孟易常深施一礼，恭声说道："阁下真仙人矣！"

孟易常道："大人言重了，草民不过是下九流里一个玩弄杂耍的，哪是什么仙人？"

叶知县一点也不相信："阁下凭空拿人，不是仙人，哪有这般本事？"

孟易常笑笑，并不作答，却问道："大人以往也看过杂技吧？"叶知县点头说看过，而且看过好几次。"那大人一定看过，施技者只穿单袍，凭条薄单，却可变化出许多奇奇怪怪的东西来的了？"叶知县道："看过啊。本府也好生奇怪，那些变化出来的物什，或大或小，鲜花水果有，瓷瓶钵碗有，甚至有飞鸽活兔，然而施技者表演时已先让人检视，不但身上藏纳不了，而且周围也无预先藏匿，却能频频变化出来，真不知此技何以至此。"孟易常说道："大人不识此法，原也正常。此法在杂要行当里又称'遣法子'，即将此地之物神不知鬼不觉般遣送到彼处。大人以往所见变化鲜花水果、瓷瓶钵碗、飞鸽活兔的，便是此法。大变活人，也是此法，不过更上乘些罢了。施此法有一个关键处，即施技者先得触摸所要变化的物件，触摸时施展法术，待到要变化时，那物件便可如囊中取物般应手而出了。所以草民上滴水岩，为群匪表演时，略施小技，诓他们一一进框，相机触碰施术，然后攀绳脱身。现在再要大变活人，便将他们一一遣到此处框中。"说着躬身从纹银堆里拣了块重约二两的小锭子，"草民表演一场，可得银子一两。今日不过两场而已，二两足也。"

呵呵大笑声中，竟不管不顾，扬长而去。叶知县如在云里雾里，哪里明白其中的奥妙？等回过神来时，孟易常人影儿都不见好久了，禁不住长叹一声道：“从来下九流最为人小视，想不到竟有如此能人异士！”这样说着，朝向孟易常去的方向，恭恭敬敬地鞠了一躬。

第三辑

虎口脱险

第三辑

虎 口 脱 险

民国初年,川中有个叫“康家班”的梨园班子。当家的康云帆班主,七十来岁年纪,有一身好本事,唱念做打的功夫一应俱全,班里男女角儿都是他一手调教出来的。康班主六十来岁时掉了嗓子,身子骨也大不如从前,便不再登台,带着一班弟子在全川巡回演出。

这年八月,康家班来到了洪城。在天上宫住下来,第一场便是康班主的关门弟子应红菊的拿手戏“贵妃醉酒”。应红菊正当二十出头,生得眉如远黛目似秋水,如花似玉一般。挂牌出去,小半天工夫,所有的票都被卖了个一干二净。开场锣鼓还没响起,场子里人便坐了个满满当当。靠近戏台的头三排里,坐的全是军人。就在前几天,军阀田颂尧所辖的十九师进驻了洪城。十九师师长也姓田,脑满肠肥大腹便便,因其嗜杀成性,背地里被叫着活阎罗。最爱听个川戏,这不,便带一竿子部下来了。

锣鼓声中,台上幕布缓缓拉开了,裴力士、高力士和众宫女都出了场,接着饰杨贵妃的应红菊在幕后念白一声,“替哀家摆驾”,随着那柔婉的声音,应红菊抖动水袖,缓缓地出场了。一路轻歌曼舞,走向台中布置的“百花亭”,边走边唱,“海岛冰轮初转腾,见玉兔,玉兔又早东升。冰轮离海岛,乾坤分外明……”但听得那唱腔如玉珠落盘,清脆柔婉,伴着柔美的舞姿,尽显了贵为贵妃的杨玉环的雍容华贵。一下子满场的掌声,如同疾风骤雨般响起。按照剧情,这晚杨贵妃原和唐明皇李隆基约定,一同饮酒赏月。可等杨贵妃布置好瓜果菜肴,高力士上前禀报,“娘娘,圣上他驾移西宫了。”但见那杨贵妃一脸惊讶,面色突然变得苍白,跟着慢慢泛青,身子竟也禁不住哆嗦了几下。跟着黯然从座上站起,轻移团扇,掩住脸庞,微拧脖颈,侧身向台下说道:“啊呀,昨日圣上有旨,命我于百花亭中设宴,为何到如今却驾移西宫了? ……且住了,由他去吧。”几句不无哀怨的念白,将杨贵妃从希望到失望,由喜悦到忧伤,到最后的无可奈何,表达得淋漓尽致。那台下看客,又爆出雷鸣般的喝彩。接下来便是三次醉酒。先是裴力士敬酒,杨贵妃虽然满腹凄楚,此时此刻尚能节制,接过杯左手持着,右手团扇掩面,慢慢饮了下去。到宫女敬酒时,杨贵妃酒入愁肠,已有了些醉意,那喝酒的速度快了很多,少了许多凝重端庄,掩面的团扇也只是掩了小半片脸。最后高力士敬酒时,杨贵妃已是醉了,脸上泛着艳丽的酡红,团扇在身前身后忽左忽右胡乱扇着,分明已掩饰不住内心的失落和焦灼。到了这会儿,台下的观众几乎都忘了喝彩,迷醉似的看着应红菊一颦一动,或唱或白。那活阎罗田师长,身子前倾,眼珠子瞪得老大,几乎要从眼眶里脱落出来……

整场戏在一片喝彩声中闭幕了。见首场演出便爆了个开门红,班里人无不喜形于色。就在应红菊等正在后台卸装时,活阎罗的参谋长找上了康班主,老远便哈哈着道:“哈呀,恭喜康班主,贺喜康班主。”

康班主放眼一看,那参谋长身后几个马弁,全抬着箱子,心里咯噔一跳,暗呼一声“不好”,一边也不怠慢,抱拳回了个礼,“参谋长见笑了,不知喜从何来啊?”

参谋长也不搭话,向身后马弁挥了挥手,那几个马弁打开箱子,现出几箱大红大紫的绫罗绸缎。康班主心知不妙,嘴里却故意兜圈子:“啊呀,果然是咱班里的喜事。参谋长真想得周到,见咱们戏服成色不行了,竟赠了这么多绫罗绸缎。”

那参谋长也不反驳,嘿嘿一笑:“康班主如果愿意将这些东西作戏服,那感情好。田师长看上你们应红菊啦,你说,这是不是喜事?”

一听这话,康班主脸色就变了。那活阎罗嗜色如命,已经娶了十一房姨太太。本想一口推拒,却又知道活阎罗在洪城的驻军过千,惹恼了他,只怕康家班定难太平脱身。正踌躇时,那参谋长却说道:“康班主,咱替田师长来下聘,应不应在你,咱不会逼你。强扭的瓜不甜嘛。这样吧,到明儿你给我个信儿便成了。”说着转身就走,走了几步,又像突然才想起什么似的,回头来说道:“康班主,洪城这地方不太太平,贵班初来乍到,只恐地痞流氓会来骚扰哦。我师既驻洪城,自然视地方太平为己任。为预防意外,我已调来一连士兵,在天上宫外为贵班昼夜守护,定保贵班大小人等高枕无忧。”说声哈哈大笑着,得意洋洋地走了。

康班主如遭雷击,好半晌作不得声。那边应红菊等人闻讯出来,全都又惊又怒。有人到大门外一看,挂出去的戏牌子早被取下了,荷枪实弹的士兵将天上宫围得铁桶一般。有人借口说要去买菜为班里人烧饭,士兵中当即有人过来,说上头吩咐过,一定要好好保护康家班所有人物,买菜么,开出单子来,他们去办就是了。青壮年的武生摩拳擦掌,吵嚷着纷纷操起家伙,只等那康班主一句话,便要去和士兵们拼个你死我活。康班主却不言语,蹲在角落处的一只木箱前,咕噜咕噜抽着水烟,烟雾将他脸庞挡了个严严实实。

应红菊知道此事后,木然立了一会。这时候走过来,深深向康班主鞠了一躬,然后说:“师傅,弟子思前想后,也许这就是咱命里的劫数吧。你且应承下来,让班中兄弟姊妹脱得了身。与那活阎罗,弟子拼了一死,也不允他如愿!”说到这里,眼里泪光闪烁,人也摇摇欲坠了。

康班主将水烟管在鞋梆上磕磕,才站起来,看看四周悲愤的班众,目光落到应红菊身上,吃力地说道:“红菊啊,为了班中一干人,看来也只好委屈你了。”那些年轻的班众,听到班主竟如此说,不由得都呦呦乱叫,说什么舍得一身剐,敢把皇帝拉下马,大不了舍一条命不要,也不能屈服。康班主脸上积了层寒霜,一声断喝:“荒唐!活阎罗手下数千训练有素的士兵,手里全是清一色的汉阳造。咱们二十来个人,如何与他拼?还不是以卵击石?”说到这里,语气放缓了些,“红菊是我弟子,我愿意让她入那虎狼窝不成?大家稍安勿躁,我自有主意。”说完步出后台,站到院中,仰首向天凝视了好久……

隔天那参谋长便带着马弁来了。“康班主,咱这牵线搭桥的,想来听个话儿呢。”康班主迎上去,客客气气回道:“这人活着啊,还不就求个日有暖衣,夜存余粮。既然田师长看得起,红菊也算是有了个好着落,咱还有什么话说?”听了康班主的话,参谋长喜形于色,“哈哈,难怪这乱世之中,康家班仍能支撑得住,都只因有康班主这样的明白人哇。”客套一番后,康班主说道:“红菊三岁便跟了我,一二十年来,我将她视如己出。岂不管田师长如何,但咱红菊出阁,我自然得替她求个喜庆。三天后是八月十四日,万年历里正是黄道吉日,喜事得那天办。参谋长以为如何?”参谋长一想,这也没什么不妥哇,便表示八月十四准时来迎娶。虽然事情有了着落,可天上宫外的士兵,却一个也没撤走。

转眼便到了八月十四这天,艳阳高照,碧空无云。田师长驻军营房里一派喜气洋洋。到处挂着大红“喜”字灯笼。那营房大门两侧,居然还请人写了幅龙飞凤舞的喜联,“秋水银堂鸳鸯比翼,天风玉宇鸾凤和声。”那活阎罗早换上了一身黑丝绸长袍,在营房前支了张太师椅,瘫坐在椅上,一边呵呵傻笑,一边只等那娶亲的花轿,送来如花似玉的美娇娘。前来祝贺的官商士绅,更是络绎不绝。

快响午时分了,街角那边隐隐约约传来铙钹唢呐的声音,跟着有人报信:“来了来了。”早候在营房前的二十四个士兵,立刻端枪朝天,“通通通”乱放一气。枪声响过硝烟未尽,一行人已到营房前了。前后两个方阵的士兵,卫护着中间八人抬的大花轿和七八个送亲的戏班子弟和康班主。那个参谋长今日也换了一身唐装,人模狗样的充当司仪,看着轿到营前落下,便扯长了声音吆喝:“吉时已到,迎新人!”几个老妈子,立刻拥上去掀起轿帘,众星捧月样将应红菊扶了出来。看着一身大红锦袍、披着大红盖头的应红菊,活阎罗从椅子上蹦了起来,一只肥手猛力抚着下巴,得意洋洋地呵呵怪笑。众人扶着莲步轻移的应红菊刚到营房台阶,晴空里突然炸起声闷雷,跟着天惨云淡,正当顶的太阳眨眼间便失去了踪影,天与地一下子黑了暗了。西边天上划出道红艳艳的闪电,那闪电拖出道耀眼夺目的白光,刺啦啦划在营房门口,跟着惊天动地一声雷鸣,震得地皮簌簌直抖。那帮老妈子,一齐爹呀妈呀乱叫,叫声中,人堆里竟燃起溅出无数火花来。雷鸣响过,转眼间,阴云一扫而空,太阳又挂在了天空。惊慌失措的人们正嘀咕这天气真邪门了时,那边老妈子却乱叫开了:“不得了啦,不得了啦,新娘子遭雷击啦!”只见那应红菊瘫软在地,头上的红盖头早已烧得千疮百孔,一头青丝已燃了大半,那身上的锦袍,分明还亮着熠熠火星,向上袅出一股股黑烟,散发出难闻的气息。送亲的康班主一声悲呼,“红菊啊”,人便摇晃着倒下了。年轻的班中子弟冲进营房,提出水来劈头盖脸泼出去,火星灭了,黑烟散了,一片水渍中,应红菊一张脸竟成了焦炭颜色,散发出一阵阵难闻的皮肉焦臭。前来道贺的人中有做郎中的,上去一搭脉,叹息一声,无可奈何地直摇头。刚才的晴空霹雳,竟将新娘子击死了。

那参谋长好生奇怪,正要进门时,新娘子居然遭了雷击,哪有这么巧的事啊?叫过去接新娘的士兵一问,那些士兵全都诅咒发誓,说亲眼见应红菊着了装上了轿,路上一直一眼不眨一步不落地紧跟着。参谋长再走近应红菊一看,果然面皮焦黑,皮开肉绽,分明已经暴死了。正要迎进门的新娘子却被雷击而死，在习俗里，那可是桩太不吉利的事情。田师长气得一张脸涨成猪肝色，连掀了好几张桌子，一迭连声呵斥那些前来道贺的士绅和康班主等人滚。那些班众，本来想要理论，却被人劝住了，只好哭丧着脸，将昏厥的康班主和死了的应红菊抬走了。

当天下午，班众们全都换了丧服，将装着应红菊的柏木棺材拉着，离开了洪城。一行人紧走慢走，黄昏时分到了遂州地界，康班主叫人揭开棺盖，应红菊啊呀一声，从棺里坐了起来，“扑通”一声便跪在康班主面前，“师傅，多亏你教了红菊变脸的本事，才侥幸逃得这一劫……”说话间抬手在脸上一抹，那皮开肉绽、黑如焦炭的形象立刻变了，现出糊着一道道烟尘的脸儿，好些个地方，现出一块块烧伤痕迹。康班主苦笑一声：“红菊啊，这世道如此混乱，师傅的变脸本事再了得，也是难过啊。”应红菊目光盈盈而动，泪珠滴落下来：“这就是我们戏子的命吧。”康班主没有答话，呆立了好一阵，才伸手在红菊焦了大半的头发上抚了抚，“这头发要想像从前一样，只怕得三年五载才成了。”然后，长叹息了声，向班众们摆摆手，说道：“走吧，那活阎罗要是回过味来了，只怕不会放过我们呢。”

好多年后，田师长在军阀混战中早被击毙了。川中有个出外经商的人，到了雅州，出去办货时看到一个卖小百货营生的人，那形象身段，却像极了应红菊。这人原与康家班有些往来，花了好多功夫才打听到，那人果然是应红菊。原来，康班主观天色后，知道八月十四日中午会有旱雷，便出了个险招，算准时间，才让花轿出发。在川剧表演艺术里，不仅有突如其来的变脸，另还有不用火煤、见燃料的喷火绝技。惊雷响起，闪电划过的那一刹那，应红菊便口中喷火引燃盖头，再用抹脸的手法变出皮开肉绽的脸来……

割 头 点 睛

五月十五这天，是洪城首户沈万年的五十岁寿辰，前来祝寿的人把偌大的沈家宅院坐了个满满当当。晌午时分，大门外又响起一阵喧嚷，洪城知县柳省思亲自带着贺礼祝寿来了。

沈万年毕恭毕敬把柳省思从大轿里迎下来，陪着笑往院里让。刚迈进大院，沈万年那颗肥硕的大脑袋竟从脖子上掉了下来，落到地上轱辘辘一气滚出老远。跟着喷泉般往外涌着血，把走在前面的柳省思浇成了个血人……

柳省思也会些功夫，知道有飞来飞去的轻功和杀人于百步外的剑术。可自己和沈万年只隔半步的距离，根本没察觉出任何风吹草动，更不见一星半点的刀光剑影啊。这要是对付自己，那还不一样头颅着地了？此刻，他又怕又惊，立刻派出衙门里所有公人全力追查，严令必须在十日内查出个子丑寅卯来。

一时间，洪城给闹得鸡犬不宁。一晃眼七八天时间过去了，却没查出半点线索。

这天柳省思正为没有查出线索而气急败坏时，衙役们却抓回来个老头，说沈万年修葺祖坟,请这老头干了近两年的雕刻活,完工了沈万年却克扣了老头的工钱,老头放出话,说要沈万年脑袋落地。柳省思一看,这老头身高不过五尺,形象猥琐,穿着套鹑衣百结的破烂衣衫,怎么看也不像有能够在众目睽睽之下让沈万年的头颅自个就掉了的本事。分明是衙役们没法交差,拿这老头来敷衍。正要开口责骂,几个衙役抬进来樽大约三尺高的石像,奇怪的是石像没有脑袋,脖子留着整整齐齐的切口。跟着又抱来块头颅形状的石头,呈到柳省思面前,柳省思一看,大吃一惊,那张青石雕成的脸庞像和沈万年一个模子里铸出来的。特别是那眼眶里用墨笔描出的眼白瞳孔,细一看,竟跟沈万年的眼神一样,散发着狡诈贪婪的光。

领头的衙役说,这老头是个身怀奇术的石匠,能用奇术杀人。只要他雕出的石像再通过他的手用墨笔点了睛,那么石像像谁,到了那人的生辰那天午时,只需挥刀切头,任凭那人在哪里,也会头颅落地。

看了无头石像和点过睛的头颅,再听衙役一说,柳省思有几分相信沈万年离奇的死和这老头有些瓜葛了。当即一拍案桌,厉声问道:“大胆刁民,你如何杀死沈万年,还不快快招来?!”

老头分辩道:“小老儿秦三,只是个老老实实的雕刻石匠,怎敢做杀人害命的事?”

柳省思早看出老头目光闪烁,分明只是狡辩。冷哼一声道:“这无头石像,点睛头颅,你做何解释?你若老老实实,本官怜你年老,不让你受皮肉之苦!如一味狡辩,只好大刑侍候了。”

那秦三低头沉思了会,终于承认自己有样绝技,雕像点睛,像谁谁死。柳省思眼珠一转,有了个主意,做出不相信的样子,拿出副画像说道:“你若能取这人头颅,本官便信你,怜悯你年老,说不定能对你法外施恩。如若不能,嘿嘿,官法如炉,本官只好重重治你!”

秦三看了看画像,不以为然地说道:“这有何难。”当即应承下来。柳省思便将秦三留在州衙，吩咐人采来石头送到秦三房里。只见秦三敲凿镌刻，石屑横飞，不到一天工夫，高约三尺的石像便雕成了。再取只笔饱饱地蘸上墨汁，往眼眶里看似轻描淡写地一阵勾画。真是神了，刚才还呆板僵硬的石像，眼睛刚一画好，就突然有了神韵，一身的皮肤都有了光泽，最传神的是那双眼睛，像真人一样，炯炯有神，而脸上也现出刚毅的神色，看那样子，似乎随时都可能举手投足，昂扬而去。

过了几天，就是六月初一。这天午时，焚过三炷香，柳省思抄起把快刀，咔嚓声剁下石像的头颅。没一阵功夫，一直在外打探的衙役进来报告说，在衙门外卖油条豆浆的仇老头，就在刚才正埋头收拾摊子，不知咋的，脑袋突然就离开了脖子。柳省思大吃一惊，自己要杀的人不过四十出头，气宇轩昂，怎么可能是那满脸疤痢、佝腰偻背的仇老头？将尸首抬来一审视，看到左肋下差不多半尺长的刀疤时，柳省思才相信，这仇老头果然是自己一心想杀的张明远。柳省思和张明远本是义结金兰的异姓兄弟，在王小波李顺起义军里任偏将，这条刀疤就是张明远作战时留下的。后来看到起义军失势，柳省思投靠了巡抚王承恩，反过来去屠杀起义军。张明远曾好几次来刺杀他，尽管都没成功，仍让柳省思一直胆战心惊。见秦三承认有奇术，便决定试试看能否拔掉张明远这颗眼中钉。没想到张明远为了要待机刺杀自己，竟不惜自毁形象，就潜伏在州衙外。

除掉了张明远，柳省思欢喜不尽。他突然想到条可以讨好王承恩，让自己升官发财的捷径。

王小波李顺的起义军，被镇压到现在已经十年了。作为镇压起义军总指挥的王承恩，却无数次被幸存的起义军袭击。其中最让王承恩头疼的是李顺的三名贴身侍卫。不但胆色超群，而且武艺高强。弄得王承恩护身软甲从不离体，身旁侍卫没有一二百个从不出行。而那三名贴身侍卫，尽管悬赏已达到十万两银子，却一直不见踪影。现在若能用秦三的奇术杀了这三人,除了王承恩的心头大患,自己哪有不加官晋爵的道理?

主意一定,带上秦三立刻来到成都府。听了柳省思添油加醋地说秦三的奇术,王承恩半信半疑。他那里三名侍卫的画像生辰都齐全,便指着生辰排在头里的孙五,说要秦三先雕刻此人。

一天工夫不到,秦三便将孙五的像雕好了,抬过来让王承恩看。王承恩一看那孙五像,虽然高只三尺,却完全像是真人一般神采飞扬,狡猾地一笑,向护卫一挥手,护卫立刻上去,挥锤将石像砸了个粉碎。原来,他怕秦三在石像里藏了机关,相机刺杀自己。再一看,除了遍地石屑,根本没有其他东西。

这才拍拍手,呵呵笑着向露出受了委屈样子的秦三道:"你有什么本事,重新施展出来让本官瞧瞧。只要真能如柳知县所说般神奇,本官一定重重有赏。"秦三不敢抗拒,只好重新去准备石料,雕刻孙五的像。

孙五的像雕好后,王承恩还是怕其中有诈。看看日子,离孙五七月初七的生辰还有近半月时间。便专门在屋内砌了个水池,将孙五的像整个浸在水池里。又拨了五十名武艺高超的护卫,寸步不离地守护着。再将秦三安顿在专门的房间里,派人日夜监视。风平浪静地到了七月初七这天,才吩咐护卫将石像从水池里捞出,仍然戒备森严地守护着。看看快到中午了,重新检查了遍身上刀枪不入的软猬甲,才来到屋中。

午时一到,焚过香的王承恩这才手持快刀来到石像前,朝向石像头颅,挥刀正要剁下。却见石像的眼珠子猛然一瞪,跟着一声碎响,石像表皮全都一块块绽开了,说时迟那时快,石像那只石手,竟迅速抬起,挑起的中指,准确无误地戳进了目瞪口呆的王承恩喉咙。守在一边的护卫迅速扑过来时,王承恩已躺在一片血泊中。

王承恩一死,那"石像"跟着向上一挣,石屑纷扬中,竟站起来个身高五尺的汉子,分明是秦三!秦三呵呵大笑道:"王贼既死,咱心愿已了。"回手一指,在喉咙上戳了个窟窿,自杀而死了……

不两天,还等着加官晋爵的柳省思被定了个刺杀巡抚同谋的罪名处死了。秦三藏身石像刺杀王承恩的奇事,很快沸沸扬扬地传开了。有人猜测说,秦三杀沈万年只不过是为了吸引柳省思的注意。而张明远肯定和秦三早有预谋,为的是取得柳省思的信任。然后一石二鸟,既杀了王承恩,又除了柳省思。只是雕成快一个月的石像,一直浸在水中。秦三为啥能藏匿在这高不过三尺的石像中,却成了个解不开的谜。

侠　妓

声色犬马的妓院里除了陪酒卖笑的姑娘，还有种被称为乐妓的，专门演奏琴瑟琵琶，给狎客们助兴。芸娘就是洪城“暗香浮”里的乐妓。她长相并不出众，弹的琵琶也只一般，当然，挣的钱也就不多。

隔三岔五就要光顾“暗香浮”的有四个纨绔子弟，自诩为洪城四公子。其中有个叫沈玉的颇有些文采，而且与他的朋友不一样，除了饮酒诵诗听琴唱曲，并不狎妓。芸娘对他颇有好感，但因为身份不同，两个人从来没说过话。

这年春天，沈玉带着个书童说什么去吟山水，还没出洪城界，却被老鸹山的匪徒给扣下了，单单放回书童，说十天之内要收到一万两银子的赎金，不然就要撕票。沈家的人立刻报了官，但官府从来对老鸹山的匪徒束手无策，接了报案后根本没动静。

第六天头上，沈玉的那几个朋友又到了“暗香浮”，听着小曲，饮着醇酒，和妓女们调笑打闹，好像完全忘记了他们有个朋友还在匪徒手里。芸娘弹了几个曲子，实在忍不住了，趁个间隙就问：“沈公子的事，现在怎么样了？”

一个叫张南城的呷了口酒说：“生死有命，落在匪徒手里了，还能怎么着?”另一个叫杜子亭的叹息一声接上说:“报官了,沈兄能否生还,得看官府啊。”

芸娘摇了摇头:“官府要是有法子,老鸹山上的匪徒也不会嚣张这么些年了。”

还有个叫申公瑜的,斜着眼看着芸娘,嘻嘻笑了:“哈哈,姑娘如此关心沈老弟,莫非你们有一腿?”说着眨巴着眼睛,发出淫猥的怪笑。

芸娘脸色一沉,大声说道:“朋友有难,本该挺身而出!说这样的风凉话,沈公子白交你了!”

被芸娘如此斥责,申公瑜的脸一下子涨成了猪肝,他“哗啦”一声掀翻了桌子,暴跳如雷:“反了,反了。你一个贱妓女、臭婊子,竟敢指责本公子!今天要不教训你,本公子那是白活了!”一边唾沫四溅地呼吼着,一边扑向芸娘。张南城也跺着脚,一迭连声叫:“他妈的,叫老鸨子来,快叫老鸨子来!看看她管教的什么东西!”那杜子亭红涨着脸,上前拦住申公瑜,嘴里劝说:“申兄息怒,何必与一女子一般见识?可别污了你的手。”一边向芸娘示意,让她赶快躲避。

芸娘长叹一声:“如此须眉,愧杀人了。”这时老鸨子急慌慌地跑来,一边打躬作揖说好话,一边不住口地责骂芸娘。申公瑜蹦跳着说:“有本事你去救回沈玉,老子叫你娘!”芸娘冷笑一声,说出的话,气得申公瑜差点蹦到梁柱上。“生子如你,不如杀在胎中!你不用激我,我也要去试试!”说着站起身来,鄙夷地看了申公瑜一眼转身就走,她打定主意要去营救沈玉。

有姐妹赶紧过来劝她,说与沈玉非亲非故,何必出这个头?再说,沈家人自己都不出面,官府也毫无办法,要想救出沈玉那是比登天还难。芸娘冷静一想,是啊。自己怎么去救沈玉呢?知县胆小如鼠,捕快畏匪如虎,官府完全靠不住。要想去救沈玉,只有拿银两去赎,一万两银子那可是好大的数目啊。

正思谋着,杜子亭赶了过来,羞惭地向芸娘道了歉。又把芸娘不知道的情况讲了出来。沈家原本也颇有家底,但因为沈玉父母早死了,现在当家的是庶母,他父亲从前讨的妾。这庶母王氏心胸狭窄、阴狠,加上自己也有个十岁的孩子沈佩,本就忌恨沈玉。可因为沈玉是嫡出,又已成年,才惮让着他三分。现在落入匪手,她正求之不得呢。所以得到消息后,立刻报了官,然后就撒手不管了。

芸娘知道,要说服沈玉后母出赎金的可能根本微乎其微。她思量一会,便问:"沈玉与他书童关系如何?""沈玉待他如兄弟,那孩子天天哭求,据说还挨了好几次责打呢。""好。能否请你帮我找来那书童?"见杜子亭答应了,又请求杜子亭把她要去赎沈玉的消息放出去,并说自己是沈玉的相好。杜子亭瞪大了眼珠,不过还是答应了。

第二天上午,芸娘收拾着就径直朝沈家去。杜子亭放出去的消息很多人都知道了。大家叽叽喳喳地议论着,跟在芸娘后面,往沈家去看热闹。到了沈家,有家人进去通报了,芸娘就等在院门外,周围看热闹的人也愈来愈多。不一会工夫,沈玉的后母王氏出来了,她大概已听到了消息,瞅着芸娘鄙夷地咧咧嘴说:"哟,沈玉就这眼光?"

芸娘并不理会对方的讥讽,不卑不亢地说:"沈玉的眼生得高,眼光才这样。有的人眼却生得低。"众人一齐哄笑开了,这不是暗骂王氏狗眼看人低么。王氏也明白芸娘话里的意思,恼怒地说:"你要去救人就去救啊,赖在我门前干什么?""要赎金!""要钱没有。就是拆了沈家院子,也没那一万两!"

芸娘冷笑一声:"我不是要你拿钱赎沈玉,而是赎沈佩!"

王氏脸色一白:"沈佩?"回头赶紧问家人,家人却说,沈佩一早就被书童带出门了,到现在还没回来。"你是绑匪,我要报官,快给我抓住她!"王氏气急败坏,张牙舞爪扑向芸娘。芸娘动也不动,只冷眼看着王氏。"随你报官咋的,救不出沈公子反正我也不想独自活了。不过,我活不了,你儿子也别想再找得到!”

王氏“哇”的一声哭了出来,“我凑一万给你,我凑一万给你。你别伤害我的佩儿啊。”“什么时候?”“最迟后天,不,不,就明天。”正这时,一个童稚的声音老远传来:“娘,你哭什么啊?”王氏一看,不是沈佩是谁?那沈佩手里提着两只风筝,小脸红彤彤的。“佩儿,他们把你绑到哪了?”“谁绑我了?我跟剑儿放风筝去了嘛。”说着指了指身后的书童。王氏瞠目结舌,芸娘朝向四周的人说:“刚才沈夫人已经说了,能凑一万给我,街坊邻居帮我作证。如若拿不到那一万两银子,沈公子被害了,她便是凶手!”王氏死死地盯着芸娘,眼睛里差不多要喷出怨恨的火焰了,她咬了咬牙,恨恨地说:“明早,我把银子给你!”

第二天,王氏果然凑足了一万两银子。芸娘带着书童,请了几个胆大心细的脚夫,把银子挑向老鸹山。到了老鸹山,放下装银的箱子,脚夫们赶紧跑了。得了消息的匪徒上山后大呼小叫,下来了十几个。打开装银的箱子,看见白花花的银子,全都欢呼着。芸娘说:“银子你们收到了,还不放了沈玉?”匪徒翻了个白眼,“放心,咱们虽然干的是没本钱营生,但拜的是关二爷,守的是信和义。只要上山验过银子,没问题立刻放人,毫毛也不会动你们。跟上吧。”芸娘心里不知怎么的,突然有种不祥的预感。但咬了咬牙硬着头皮,还是跟在了匪徒后面。

上山后,立刻有个高个匪徒打开箱子,检验银子数目成色。连着验了十来锭后,那匪徒拿起锭银子,脸上现出狐疑的神色,将银子在手里掂了掂,翻来覆去看了遍,突然将银锭放到地上,抽出把刀,一刀劈下去,银锭子被剁成了两块。一看分成两块的银锭,芸娘的心沉了下去。那银锭,只有表面半寸是银,里面是铅和锡混合着的。歹毒的王氏用假银充赎金,分明是想通过匪徒的手,除掉沈玉和自己啊。

高个匪徒“哇哇”怪叫着,把箱盖呼呼掀开,将银锭全部验过,冲芸娘破口大骂开了："去你娘的，这里充其量不过两千两银子，糊弄大爷们啊。妈的，把这小娘匹、小崽子和那小白脸，拿去撕了。"立刻，便有匪徒嗷嗷叫着扑了上来。芸娘心慌意乱，一时间没了主意。正在这时，一个满脸长着浓密络腮胡子的汉子，从屋里走了出来，手里捏着三粒骰子，边走边抛来抛去。见了芸娘，阻止住推搡着的匪徒。"你是'暗香浮'的芸娘？"见芸娘点了点头。咧开大嘴巴笑了，指指那书童，朝匪徒们说："放了这小屁崽子，与他没啥关系，别吓着他了。"回头看着芸娘，竖起了大拇指，"咱城里的眼线回来说，有个叫芸娘的乐妓，出头要来赎姓沈的。可问那姓沈的，他却说只认识你。好，义气，算女中豪杰嘛。咱是草莽汉子，看重的就是英雄豪杰！"络腮胡子挠了挠头皮，笑着又说："按理，这个人情咱得送你。可咱虽然在这山寨当家，也得让兄弟们服气吧。这么着吧，'暗香浮'的姑娘，谁都能掷两把骰子，赢一次，走一个人。输一次，那就只能怨运气差，得死一个人了。如何？"芸娘想想，再无他法，只好点头答应。

立刻有匪徒端来桌子和骰钟，络腮胡子将骰子往芸娘面前一推，说："你先掷。"芸娘狠下心来，将袖子一撸，露出白生生的胳膊，抓起桌上的骰子，投进骰钟里一阵猛摇后，将骰钟嘭地扣在桌上，胆战心惊地移开骰钟一看，心一下都冷了，三粒骰子，两粒一点，一粒二点，加起来才四点，除非对方三粒骰子都掷成一点，自己才能赢。那络腮胡子嘿嘿一笑，"看来你运气太差了。"说着抓起骰子就摇，哗啦啦摇了几下，扣上骰钟，再移开一看，嘴巴一下子张得老大，芸娘一看，心里石头落了地，那汉子摇的竟真是个三点。

那络腮胡子狠抓了几下脑袋，"去他娘的，再来再来。"身旁有匪徒嚷开了，"当家的，你故意放水哦。"络腮胡子一瞪眼，"放屁！"手里一推骰钟，催促芸娘再摇，这一次，芸娘摇了个九点，可那络腮胡子却摇了个十三点。那络腮胡子冲身边的匪徒一挥手，"送她下山。"说完转身就要回屋。芸娘叫一声"大当家且慢，你说过，赢一次放一个人的。那，放了沈玉。"

络腮胡子停下了脚步,用奇怪的眼神死盯着芸娘,刚才鼓噪的匪徒也全都住了声。“嘿,刚才咱不过有意留你条生路。你这要求过分了吧? 咱山寨是有规矩的,你留下来,就只有死路一条!”

芸娘脸色有些苍白,她用力撑着桌角慢慢说道:“我是来救沈玉的。如果救不了,那又何必来?”“你是吃了秤砣铁了心,真要救他?”见芸娘坚定地点了点头,络腮胡子脸色阴晴不定了,“妈的,你还一根筋犟到底了呢。真的怀疑你是不是那小白脸的相好了! 可就算真是相好,也未必肯如此吧。你说说看,图的个啥?”“我虽然没拜关二爷,但也知道‘信’字怎么写。”络腮胡子的脸一下子黑沉下来,“好。那我成全你。拖出去撕了,放了姓沈的。”立时,有匪徒扑上来,旁边也有匪徒七嘴八舌劝解开了。“当家的,咱们山寨可没杀过女人呢。”“干脆放了这女人,反正沈家也不肯出钱,咱们下次逮那小崽下手。”“都晓得关二爷,饶她一命算球喽。”络腮胡子听了会,不耐烦地挥挥手,“滚滚滚,让他们滚!”

从山寨下来,惊魂初定的沈玉对芸娘感激涕零,纳头便拜:“芸娘,我一定赎你出来,如果不嫌弃,我愿明媒正娶,堂堂正正娶你作娘子。”芸娘笑了一声,说:“我从来没想过要嫁你。赎身么,我自己攒下的钱,也勉强够了。救你不过是见你人还不太坏。再说,也是瞧不上你那些狐朋狗友,赌个气而已。”芸娘说着话,却感觉自己腿脚全软绵绵的,在山寨里的过程有些像做梦。

隔了几天,“暗香浮”里再也看不到芸娘的身影。有人说她悄悄嫁进了沈家,有人说她上了老鸹山做了压寨夫人。到底哪种说法是真,哪种说法是假,谁知道呢。不过,她的侠义行径最被人们津津乐道。而且,老鸹山的匪徒,再也不骚扰普通百姓了,专揪着为富不仁的财主员外下手。那沈玉呢,也再没了纨绔习气,跟狐朋狗友绝了交……

洪城灭口案

这天早晨,"鹰眼神捕"高兴宇接到报案,说以杀猪屠狗为业的朱富来被人杀死在家中。然后,他忙带了几名捕快直奔现场。

到了现场,看见朱富来仰躺在床上,整个头部血肉模糊一片狼藉。上去一检查,发现朱富来头颅因被重物击打,头骨已完全碎裂,身上再没有伤痕。又在他枕下发现有包银子,足有一百两。

从屋里出来,又在院里搜索可疑之处。这是个独门独户的小院,前院出去是大街,后院有一二丈见方,左边院角围着猪栏,散发着浓郁的猪秽臭气。右边有扇低矮的小门微敞,地上有两截有损痕的木条,拾起来一拼,损口刚好对上,在小门上一比划,分明是门闩。走出小门,是条三尺来宽的青石路,路外是穿城而过的小河。往河面一看,发现河中央竖着段木棍子,棍子表面看上去异常光滑,捞起来才知道,那木棍子是个铁锤的手柄。锤头上还粘着几点乌紫的血迹。

这时,外面进来一行人。当头的一人面如冠玉,正是洪城知府温良玉。这温良玉十八岁殿试高中魁首,任了两处知县,今年只二十四岁,便调任洪城做了知府。听说出了命案,他也急忙赶来了。高兴宇忙过去施了礼,将现场的发现一齐禀报。温良玉在现场巡视一番后，吩咐高兴宇尽快破案。

很快高兴宇便了解到，朱富来练过些拳脚，在街坊间常常动辄以拳相向，街坊们对他大都敬而远之。和朱富来同在一市卖肉的胡铁牛，前些日子曾经因为赌博被朱富来打了两个耳刮子，后来胡铁牛放出狠话，说要杀了朱富来雪耻。而案发后，胡铁牛一直踪影不见，看来最是可疑，立刻全力缉拿。不一日，便从乡下将胡铁牛抓捕到，温良玉过堂一审，胡铁牛竹筒倒豆子样，就全招认了。说那夜他在外面与人喝酒，醉醺醺地从朱富来后院经过，想起朱富来在大庭广众下抽自己耳刮子，仗着酒劲，便在院后叫骂，不想朱富来并没回应，让他的胆子更壮了，借着酒意，猛一撞小门，门闩却应声而断，自己险些跌倒在院里。恰好看到朱富来睡房门虚掩，顺手拾起屋檐下的铁锤，冲进屋去，朝着朱富来脑袋砸了几锤，血溅到脸上时，酒一下子醒了，慌忙逃出院子，将铁锤投入河中，连夜到乡下躲避……

案子这么快就破了，温良玉很是高兴，正要嘉奖高兴宇。不曾想高兴宇却道："大人，此案尚存疑虑。"温良玉一惊，"胡铁牛已供认不讳，还有什么疑虑？"

高兴宇分析说，胡铁牛虽然身材剽悍孔武有力，但行走时脚步滞重拖沓有声，绝非身手矫健之人。那朱富来既然拳脚了得，警觉应当更甚于常人，胡铁牛先是叫骂，然后撞门而入，朱富来怎会不察不觉？朱富来正值壮年，被铁锤击碎颅骨，理应血浆横溅，但现场溅出血渍不过数十点。还有，朱富来属于地痞无赖一类，应该没啥积蓄，为何枕下却有百两银子？

听高兴宇这么一分析，温良玉呆了呆，说道："高捕头被称为'鹰眼神捕'，果然名下无虚。本府倒没你想得周全了。"

正在这时，派出去打探的捕快进来禀报说，那朱富来近日曾向街坊夸口，说他以后不干杀猪屠狗的营生，要置几个铺面，体体面面地当甩手掌柜。就在案发前一天的中午，朱富来去过妓院"暗香浮"。这朱富来本是"暗香浮”常客,但那天去了却破例没有狎妓,而是把龟奴大茶壶招到一边,叽叽咕咕说了一席话。那大茶壶还同那朱富来争执了几句,然后将朱富来带进了老鸨子应春红的房间。等到朱富来出来时,完全是副得意洋洋的样子。听完这些,温良玉立刻叫衙役去带大茶壶。

不多一会工夫,那大茶壶便来了。温良玉见此人六十开外,一副忠厚老实相。便和颜悦色地问道:“本府问你,数日前,那杀猪屠狗的朱富来可曾找过你?”

大茶壶稍微愣怔了一下,便说那朱富来与他是姑表亲戚,那日找上门来,说要买铺面做生意,短些银两,想找他借些。但因为自己也没积攒下什么银两,便找应春红暂借了些,凑够了一百两借给了他。

大茶壶的回话滴水不漏毫无破绽,温良玉略作沉吟,便吩咐那大茶壶退下。又找来里正一问,那里正证实说,朱富来与大茶壶确是姑表亲戚,但两人没怎么走动过。

等里正走了,温良玉向高兴宇道:“高捕头,你觉得那大茶壶所说是真是假?”

高兴宇道:“大茶壶举止谨慎,不像有诡诈,看来不似假话。只是里正说到,这大茶壶与朱富来往来极少,却能借出一百两银子。再联系到朱富来曾向人夸口,说就要发财之类的话,属下觉得,只怕大茶壶这银子不是借给朱富来的。”

温良玉愣住了:“不是借,那是?”

高兴宇想了想,说道:“属下以为,莫非那大茶壶有什么把柄落到了朱富来手里,朱富来借机前去敲诈,他才不得不拿出银子?”

温良玉不相信地摇头道:“他一个妓院龟奴,会有什么把柄落在朱富来手里?”见高兴宇还一副冥思苦想的样子,便叫他先行退下,说自己有卷宗要阅。

第二天一大早，府衙外那八尺牛皮鼓被人“咚咚咚”擂得山响。衙役将锤鼓人带了进来。来人是个中年妇人，衣着华艳，体态微胖，脸上虽然皮肉有些松弛，但依稀能看出年轻时绰约的风姿，进堂来“扑通”一声跪下，直勾勾看着温良玉，弄得温良玉极不自然，轻咳了声后，她才哑着嗓子道：“小妇人应春红叩见府台大人！”

高兴宇一惊，这妇人就是“暗香浮”的老鸨子应春红？她来做甚？高坐在案桌上的温良玉脸色也大变：“你，有何冤情要申要诉？”

不曾想那应春红却说她是来投案的。据她说，昨晚向大茶壶讨要前些日子借去的银两，大茶壶却以朱富来已死，无法偿还作借口百般推诿，不由起了恶念，便用砒霜将大茶壶毒死了。话才说完，凄然一笑，头一歪已倒在地上。高兴宇抢步上前，只见应春红脸色发紫，嘴角往下淌出一丝黑血，眼角正滚下几滴泪。温良玉也离座过来，被这突发事件吓得变了脸色，慌张地问道：“她服毒了？”

高兴宇无言地点了点头。温良玉焦急地问道：“那还有救么？”高兴宇剥开应春红的眼皮看了看，告诉温良玉说，毒已腐肝烂肠，根本不可能救了。温良玉黯然道：“真想不到，她既要投案，何以要服毒？”

按照惯例，应春红的尸体被停放在捕快公房里的殓房内。高兴宇从府衙出来，叫来几个心腹捕快，商量了会，然后直奔“暗香浮”……

这晚子夜时分，洪城里万籁俱寂，捕快公房里静悄悄的，只有几只挑在檐下的灯笼散发着暗淡的光晕。突然，一个黑衣蒙面人从墙头上树叶般轻飘飘落到地上，稍立了片刻，就直扑殓房。

殓房外只挑着只灯光昏暗的灯笼，房内床铺上，一袭白布盖着应春红的尸体。黑衣人进了殓房，呆立了会，“扑通”一声跪在床铺前，一边颤抖着伸出手，去揭盖在应春红脸上的白布。就在这时，“应春红”突地坐了起来，跟着暗影里亮出火把灯笼，将殓房映得如同白昼。原来那“应春红”竟是高兴宇假扮的。高兴宇朝黑衣蒙面人吼问:“你是何人,为何夜闯殓房?”

黑衣蒙面人见四周捕快围得铁桶一般,似乎也知逃生无路。不管不顾地在地上“咚咚咚”磕了几个响头,然后猛地蹿起,竟以迅雷不及掩耳之势,将身后一名捕快手中刀夺了过来,高兴宇以为他要夺路逃跑,不曾想黑衣蒙面人却将刀身翻转,朝自己脸上剜去,想要阻止已是不及,只得一声断喝:“温大人,你毁面就以为属下认你不得了?”黑衣蒙面人浑身一颤,手中刀在离脸约摸一寸的地方停了下来。“你,知道是我?”见高兴宇并不作答,只是无奈地看着他。便长叹一声道:“能否叫房外捕快退后?我有话说。”高兴宇挥了挥手,房外的捕快立刻退到院外远远围着。隔了差不多一个时辰,高兴宇神情落寞地从房里走出,屋里温良玉手中还握着钢刀,保持着跪的姿势自刎了。回头捕快们发现高兴宇不见了踪影,好不容易找到,原来一个人在喝闷酒。

高兴宇一直认为朱富来是死后才被砸的,但朱富来既无中毒迹象,也无其他伤痕。他便想到,只可能是能不露痕迹置人死地的点穴术。恰好几天前又得到个信息,说朱富来死前,曾悄悄找过温良玉。而温良玉还没赴任时,绵州的捕快便向他介绍过,说他是个已故镖师的儿子,文武双修。再联想到朱富来所说的将要发财的说法,他依稀有些预感,这事跟温良玉有关。后来在“暗香浮”里,发现大茶壶砒霜尚衔在口中,分明也是死后才灌的……

温良玉临死前的供述,证实了猜测。他是应春红的儿子,出生在妓院里。应春红不想让他在妓院成长,一直想找合适的人家托付。在他两岁时,绵州有个姓温的镖师经过洪城,得知温镖师时年四十,尚膝下无子。应春红便托大茶壶将孩子送给了温镖师。没想到温良玉进入仕途,被放到洪城任知府。知情的朱富来很快发现温良玉的身世,便以要泄露身份为筹码,敲诈了护子心切的应春红一百两银子。然后又去敲诈温良玉,心想他功名在身前程似锦,断然不愿因出身废了前途。温良玉为绝后患,当夜潜入他家,用点穴术将他杀死。点穴术无伤无痕，原以为是天衣无缝的暴死假象，没想到胡铁牛寻仇，又牵出了大茶壶。只好故技重施，杀了大茶壶。应春红发现大茶壶被杀，心知是温良玉灭口，便将杀人的罪名揽在自己身上，先服下毒药，再到府衙自首。温良玉见生母死在大堂，到底心中不忍，夜里来探视，结果落入了高兴宇的手中。

听了高兴宇的叙述，捕快们都瞪大了眼，难以置信。“你怎么会认定温大人会到殓房？”

高兴宇猛灌了口酒道：“纵然是大奸大恶之人，在亲情面前，也会有所表露。应春红之所以先服毒再投案，是想在死前再看看儿子。她舍生成全，没想到反倒让温良玉露了马脚……”

众捕快都愣住了。大家都在公堂里，根本没看出温良玉有什么特别异于常人的地方啊？好半晌，有个捕快才指着高兴宇的眼睛道：“头儿被称为‘鹰眼神捕’，那眼睛自然像鹰隼样犀利了。”有人一看，暗夜里，高兴宇的眼睛里正熠熠有光呢，不由既惊叹又佩服。他哪里知道，高兴宇眼眶里亮着的是层泪光，为一片苦心孤诣的应春红而流的泪……

智破“弥弥教”

在咱洪城这地方，如果某人不务正业，干的是招摇撞骗类的勾当，老一辈的就会说：“这是个搞‘弥弥教’的。”什么叫“弥弥教”？这就有故事了。

话得从20世纪初说起，那时候四川袍哥组织，几乎在川内每个州县都以码头为单位建有分支，首脑被叫作红旗大管事。洪城的红旗大管事，是个叫文定三的。这文定三读书不多，但行侠仗义，为人公正，在洪城极有号召力。文定三有个姑父，住在离城五十里外的李桐沟。这年夏天患了病，前后请了好几个大夫，光汤药都喝了几大瓮，可非但不见好，到了立秋，已经卧床不起，好些天滴水不进了。文定三闻讯后，忙请了城里最好的大夫，坐了两乘滑竿，心急火燎地赶过去。到了才发现，姑父已能勉强下床，喝下半碗米粥了。文定三又惊又喜，还以为姑父请到了杏林高手呢，没想到姑母说，就在前天来了个自称朱真人的道士，只给了些药丸，接连着服下去，身体便大好了。文定三忙打听道人下落，想结交结交。姑母却说，那道人给了药丸后，分文未取，便飘然而去。文定三叹息不止，看着天色已经晚了，便告辞姑母准备回家，刚走出院子，却见前面竹林里飘然而出个道士。一见那道士，姑母便高兴地叫道：“这就是朱真人。”

文定三定睛一看，那朱真人鹤发童颜，戴有棱有角道冠，穿一尘不染道袍，着白底青面云靴，颈后斜插的拂尘，随着脚步在晚风中轻轻飘拂，再加上身后葱郁的竹影映衬，一眼看过去，真有些像从画里走出来的神仙呢。文定三忙上前一步，作了个揖，恭声说道："文某正为不能结识朱真人而扼腕叹息呢。想不到朱真人此刻飘然莅临，看来是不要文某抱憾而归啊。"

朱真人拱手道："贫道和青城山枯竹居士手谈了两局，回来时从此经过，想来看看吴居士的病体见好没有。"文定三听朱真人如此说，心里嘀咕开了。为啥啊？你想那青城山距离洪城八百里还不止，即便骑上快马，一来一往最少也得四天功夫。这朱真人上次出现，距离这会儿前后不过三天，即便快马加鞭，也不可能轻松一个往返吧。嘿嘿，这年月，啥样的人都有。这道士虽然懂些医术，却是个信口雌黄的家伙也未可知呢。心里这么想着，脸上尽管还挂着谦恭的笑容，但已分明有些不以为然了。

文定三脸上细微的变化，自然没逃过朱真人的眼睛。朱真人微微一笑，也不分辩。指指头顶红彤彤的晚霞，冲文定三道："文居士，天色已然不早。此地距离洪城还有五十里呢，你不妨早些返程吧。贫道与居士有缘，不急在此一时。"

文定三略作客套，便起程返家了。五十里路，一行人紧赶慢赶，差不多耗了两个时辰，回到城里，已是夜幕如盖，星斗璀璨。刚进院里，掌灯的佣人便喜形于色地报告说：一个多时辰前，家里来了个自称叫朱真人的道士，给了夫人一瓶丹药，说是只要连续服上百日，宿疾定然痊愈。夫人半信半疑服下后，那腹痛到现在居然破天荒不痛了。原来文定三的妻子产后生疾，每日傍晚时分必定腹痛如绞，多方求治，却全无效果。

佣人话才说完，只听朗朗话声在檐下响起。原来朱真人已从堂屋飘然而出："贫道说过与文居士有缘，这不，已先一步讨叨来了。"文定三大为吃惊，差点连还礼都忘了。两个时辰前，自己才和这道士别过，一个多时辰前，他怎么可能就到了自己家里？难道，他有啥不可思议的道行？

等到在屋里坐定后，文定三立刻提出疑问："真人前脚与我别过，后脚便已到舍下。实在令人一头雾水。还请真人释疑。"

朱真人笑道："贫道自雍正年间修习黄老之术，历今百载，几无所成，惟这脚程，可视千里为咫尺矣。"要是换了以往，这话只能换来文定三一声哂笑，可今天是自己亲自经历，不由得有些半信半疑了。

这一晚，文定三和朱真人喝着清茶，说了好大一夜话。朱真人说的大多是黄老之学，文定三虽然不明就里，但对那些玄之又玄的东西，因为不懂反而更生敬畏，内心对朱真人的信服更是达十分了。于是恳请朱真人多盘桓几日。朱真人颇有些为难地说："实不相瞒，贫道此番出山，是想自创'弥弥教'，发济世救人，匡扶人心之愿。近日正为此奔波，虽有心逗留，却耽搁不起时光啊。"

接下来，朱真人滔滔不绝地说起了天下事。他说三皇五帝至今，天下都由真龙天子统束。可现如今清王朝风雨飘摇，土崩瓦解只是迟早的事。听说从此以后，坐江山的就不再是皇帝了。寻常百姓，哪个不是把皇帝当成神一样在心目中供着？真要是皇上没了，天下必然大乱。他虽然闲云野鹤般习惯了悠游自在，但不能眼看着世人受苦啊，所以决定创建"弥弥教"，引领人心向善。

在文定三骨子里，皇帝和他祖老先人一般重要。前些年保路运动，好多州县的袍哥都踊跃参加，他一想，这不是跟朝廷作对么？跟朝廷作对，还不就是跟皇帝作对？嘿，这么一来，洪城地方的袍哥一个也没去参加。如今凭他的耳闻目见，也明白皇帝九成九要滚下龙庭了，那个难受和凄惶啊。听了朱真人这么一说，立刻引起了他的共鸣。当即精神抖擞，拍着胸口说："朱真人既有匡世救人之心，文某人袍哥人家，哪能拉稀摆带。赶明儿咱就为'弥弥教'摇旗呐喊……"

朱真人眉开眼笑："好好好，有文居士相助，咱就在洪城建教！"

第二天，文定三就紧锣密鼓地筹办起"弥弥教"。还别说，因为有文定三现身说法，加上朱真人施舍的药丸，大多能治病疗疾，"弥弥教"很快便吸收了数千教徒。半个月功夫不到，就募集到一大笔钱，准备择个黄道吉日，在登云山修建道观。

洪城袍哥组织里有个任红旗老幺的叫张大江，主要是负责跑腿送信，与各码头联络。这张大江两腿生得又细又长，上身却很粗壮，走起路都摇摇晃晃的，好像随时都会跌倒。可要是一跑起来，就那么轻轻一跨，抵人家跑三步。所以洪城人都称他张长腿，说他是"风都吹得倒，狗也撵不倒。"他可是对这"弥弥教"不以为然，听说朱真人能视千里为咫尺，只认为是吹牛。朱真人听说后，淡然一笑，当即请文定三招集洪城士绅，说是可略施"神术"，第二天就要和张大江比较一下，令他口服心服。

老实说，尽管文定三一家把朱真人说得神乎其神，但对此半信半疑的却大有人在。听说要比试，都急着赶来，想要开开眼界。到了第二天一早，登云山顶上圈来修道观的空地上，全是攒攒人头。只见空地尽头前些天落成的朱真人居室前，已搭了二丈见方的台子。台前七只铜铸仙鹤，嘴里紫烟袅袅，将台子弄得如笼雾中，台上正中放着只铜鼎，铜鼎两侧各立一个道童。日上三竿了，朱真人才在乡绅们簇拥下出现在台上。按照预先的约定，他要和张大江同时出发，赶往五十里外的通家山。通家山那边，早已安排有人等着。

到了约定的时间，早就跃跃欲试的张大江，立刻迈开两条长腿，像被风带着，飞一般刹那间便没了踪影。而那朱真人，看也不看远去的张大江，依旧和台上的乡绅们谈笑风生。直到过了快一个时辰，这才向众人一拱手，说声："是时候了。"成竹在胸地走到铜鼎前，嘴里念念有词一番后，将手中拂尘一扫，铜鼎里突地腾起一团团紫烟，顿时将整个台子都遮住了，等到紫烟散尽,所有人都瞪大了眼,只见两个道童还木呆呆地站在铜鼎旁,而朱真人已不见了踪影。

午时左右,有人飞快来报告,说张大江到通家山时,朱真人到山已喝过一壶茶了。盘问过细节后,在场的人无不既惊奇又叹服,朱真人从这里消失,再现身通家山,前后竟然相隔不到半炷香时间。通过这场比试,“弥弥教”教徒更是迅速增加,善男信女们纷纷捐钱捐物。而教主朱真人在教徒的口口相传下,已经分不清到底是人,还是神仙了。

可尽管如此,还是有人不信邪,居然还想要和朱真人比试一番。这个人便是张长腿的舅舅李子复。这李子复五十多岁,生得矮小瘦弱,其貌不扬。因为一根斑竹竿儿翡翠嘴的旱烟袋总在手里捏着,常常是说一句话,就一口烟,所以人都叫他李大烟袋。他曾在县衙里当过十来年师爷,写得一手好字。因不满官府作为,赋闲回到老家李家渡已有近十年了。除了偶尔替人写写碑文匾额,更多时间都在李家渡周围山林里,提着个鸟笼遛鸟。他有手别人怎么也学不来的绝活,能模仿很多种鸟的叫声。只要一噘嘴,啥画眉八哥黄嘴雀,斑鸠喜鹊白头翁,都能学得惟妙惟肖。听说他要和朱真人比试,亲朋都来劝他,说凭他那走一步都要喘三喘的身子骨,拿什么来跟朱真人比,可别逞那能。他眼珠儿一瞪,振振有词地说,自己从前跟一个云游的和尚也学过“神行术”的。这么多年没机会露一手,现在有朱真人这样的“同道”,一定要比试比试。劝的人大摇其头,也只好听之任之。

李大烟袋声明,比试不要太多人围观,只需几位有德望的乡绅作证便行。而他自己的“神行术”,只有在早晨新阳初升时才见效,所以出发时间得是早晨太阳初升时。至于以哪里为比试的目的地,也得到了临时再说出。朱真人听了后,二话不说,便一口答应了。到了比试的那天早晨,天刚蒙蒙亮,登云山道观前,李大烟袋和几个乡绅同朱真人在登云山道观前会过面,这才说,比试的目的地还是通家山。说完后,自顾抱着旱烟袋,吞云吐雾了。不多时,东边的天际,现出了艳丽的朝霞。李大烟袋正吐云吐雾呢,突然听到旁边的人说:“太阳出来了!”抬头一看,可不是,前面山巅,太阳已现出鲜红的脸了。李大烟袋一惊,呛了一下,竟把烟锅里正燃得红彤彤的烟丝,一气给呛得四溅。他忙不迭朝身旁的朱真人一躬身,说声我先走了。说完将烟袋往腰带上一插,便出了发。

几个乡绅一看李大烟袋的样子,都忍不住笑了起来。为啥啊?那李大烟袋鼓着腮帮,探着脖子,两手交剪背在身后,虽然像是鼓着十二分劲,可走起路仍风吹荷叶般摇摇摆摆。就拿张长腿来比,也差之天远。朱真人也有些觉得好笑,向乡绅们一拱手,说:“那贫道也起程了,且去通家山候着李居士。”说完又是故技重演,在紫烟中失去了踪影。

再说那张长腿,早就得了李大烟袋的吩咐,在通家山下候着。他也搞不清楚自己的舅舅是不是真有什么神行术。旭日东升时,便探着脖子在通家山下张望。可眼也望酸了,脖子也张僵硬了,还是见不着李大烟袋的人影。直到快晌午了,才看到了李大烟袋出现。一见李大烟袋,张长腿差点背过气去。只见李大烟袋优哉游哉地坐在滑竿上,左手撑着把遮阳油纸伞,右手捧着旱烟袋,嘴里正给轿夫说:“不急,不急,慢点,慢点,这几十里路,你们也走累了嘛。”

张长腿气不打一处出来,说道,“舅舅,你搞啥名堂哦?那个朱真人已经到了一个多时辰了。”李大烟袋呵呵一笑,摸了摸脑袋说:“哎呀,舅舅的‘神行术’好多年没用,还给师傅了。”

这时候,那朱真人已闻讯从山上下来了。李大烟袋上前一抱拳,哈哈笑着说:“真人是真神术,我嘛,是歪道行,输喽输喽。这么着,今晚我在城里‘德胜楼’摆几桌素席,宴请真人和同城士绅。另认捐五百个大洋!”听这么一说,朱真人眉开眼笑地应承了。

告辞了朱真人,李大烟袋坐上滑竿,吩咐赶回县城。又叫上气鼓鼓的张长腿:“大江哇,你可别愣着,来来来,舅舅有话跟你说……”

回到洪城,已快是掌灯时分了,几个与李大烟袋相熟的士绅,正候在他家里。一见他,便嚷嚷开了:“你还说作东道请客呢,咋这么晚才回来? 文定三和朱真人他们,怕已经先去候你了。”李大烟袋连连自责,滑竿也不下,吩咐直奔酒楼所在的十字街。

到了十字街,李大烟袋夹着雨伞,摇摇摆摆地进了酒楼,文定三和朱真人已等候多时了。见东道主终于到了,便有人吆喝着叫跑堂倌儿上菜,李大烟袋嘻嘻一笑,说:“且慢且慢。这顿饭,到底是哪个子请哦?”众人一听,哄笑开了。“李大烟袋,你装神弄鬼哈。自己输了,认的东嘛。”“是不是坐滑竿,把你脑袋瓜子颠晕了哦?”

李大烟袋晃了晃脑袋,指指身后的酒楼招牌,问身边的朋友:“这是啥地方?”朋友又好气又好笑,“‘得月楼’。”“谁说我要在‘得月楼’摆宴的?”“你输了,说给朱真人的。朱真人回来告诉大家的。”李大烟袋抓抓头皮,一副莫明其妙的样子。“我记得我好像说的‘德胜楼’嘛。”

在一旁一直含笑饮茶的朱真人,接上话说:“李居士说的是‘得月楼’。”李大烟袋做出副恍然大悟的样子,拿手连拍了几下头,说:“对对对,这是我让在这摆宴的。哎呀,老了哦,记性不行了。明明说的是‘德胜楼’,后来改成‘得月楼’了嘛。”说着往旁边椅子上一坐,朝跑堂倌儿说:“菜稍等再上,我长腿外侄,迟些会送主菜呢。保证让大家开胃得很呢。”说完也不管其人说啥怪话,只一边拿眼笑眯眯地盯着朱真人,一边“呼呼”抽上了烟袋。堂里坐的人,全都莫明其妙,不知道李大烟袋要搞什么花样。而那朱真人,虽然仍笑容可掬,可仔细看,却有些坐立不安了。

正在众人七嘴八舌说着怪话时,张长腿风风火火跑上楼来,手里竟提着只鸟笼。一见那鸟笼,李大烟袋笑得脸上的皱纹都像盛开的菊花了,而那朱真人,脸色猛一下白了,差点从座上站起来。鸟笼里是五只鸽子,正不安挤来挤去，咕咕叫着。

文定三按捺不住了。大声问道：“李老兄，你这是在搞啥名堂哦？”李大烟袋嘿嘿一笑，指指朱真人，“你问朱真人吧。真人不说假话，他知道的。”朱真人脸色一阵青一阵白，勉强笑笑说：“李居士开玩笑了。贫道哪里知道？”

李大烟袋将烟嘴在鞋梆上敲了几下，敲完里面燃剩的烟末才站起来说：“朱真人不知道。那咱就只好把知道的说出来了。”他指着朱真人一字一顿地说：“他，根本没啥‘神行术’！”这话一出，众人立刻炸开了锅，不等旁人插话，李大烟袋又说：“今天在通家山的朱真人，也根本不是与大家同楼的朱真人！”众人一头雾水，但看那朱真人，神色慌张，脸上的表情古古怪怪的，也不知道是在笑还是在哭。

文定三将信将疑地问：“你怎么认定的？”

李大烟袋跷起指头，一一说来：“第一，我在出发前呛烟，溅出的烟末星子，在这个所谓的朱真人裤脚处，烫下了三个小孔。而在通家山时，那三个小孔却不见了。第二，我在通家山，许诺说的是在‘德胜楼’宴请大家，可朱真人说给大家的，却是‘得月楼’。”

众人中有对朱真人特别信服的，赶紧帮忙分辩：“朱真人讲究，换了裤子再走也没啥不对嘛，反正他怎么都赢你了。至于‘德胜楼’‘得月楼’，一字之差，听错也很正常噻！”

李大烟袋淡然一笑：“真人没听错，是鸽子带错了。”说着拍了拍身边鸟笼。“‘飞鸽传书’大家听说过吧？朱真人正是利用这些鸽子，传递信息的。打长腿和他比试后，我就悄悄到登云山上观察，发现了由道童们喂养的鸽子。今日出发后，我并没急着下山，而是先在敞亮处等候，亲见鸽子飞了出去。这是朱真人把我定的通家山，传递给同伙呢。大家也知道，从通家山回来有滑竿赶路，断不会傍晚才到。这中间一个多时辰，我在干什么呢？我在截朱真人同伙放回的鸽子。”

朱真人坐不住了,气急败坏地嘶吼道:"荒唐！简直太荒唐了！"说着怒气冲冲地要拂袖而去。张长腿上前挡在他面前,瓮声瓮气地说:"朱真人最好不要走,道观前铜鼎我都移开了,再没有哪个地方可以藏下你。"

李大烟袋从怀里掏出张纸,交给众人传看。只见那上面分明写着:"今夜,李在'德胜楼'宴客,认捐五百洋。"李大烟袋解释说:"咱做了数年书吏,摹几个字那还不难。所以重写了张,改成了'得月楼',这真人果真大摇大摆地来了。可惜呀,凭你的医术,本可成为杏林高手的,咋招摇撞骗呢?"

文定三这会儿也砸摸出来了,自己着了朱真人的道道呢。可见李大烟袋一副一切尽在掌握中的样子,却没来由地有些不甘心。"飞在天上的鸽子,你想截就截了?"

李大烟袋将倚在桌旁的油纸伞"嘭"地撑开,那伞骨上居然拴着只鸽子呢。"鸟飞在空中,听声可辩雄雌。朱真人放出只雄鸽,我便对症下药,使上了'美鸽计'。"旁边有人问道:"那,通家山上的朱真人,和这个朱真人,到底是啥关系?"

李大烟袋轻咳两声,摸了摸山羊胡子,故作深沉地说道:"咱虽不懂啥神行术,可玩鸟多年,勉强懂点鸟语。截那鸽子时咱便问了,鸽子说,他们是孪生俩兄弟。"

那朱真人本来身子像筛糠似的直哆嗦,听了这话,张嘴就骂开了:"去你妈的龟儿子,说的是鸟话！老子们是孪生仨兄弟。"

李大烟袋张口结舌,尴尬不已地拿手抓了好一会脸皮,干咳两声说:"管他是俩是仨,孪生我总听对了吧。不过,你不说,我只找人看住了通家山那个,另一个,怕就漏网了呢。"见李大烟袋这样,众人哄地一声笑开了……

鬼　手

这天下半晌午，成都府衙署街那间赌客如云的“如意赌坊”，正是赌客云集的时候，大厅里十来张赌桌，围满了吆五喝六的赌客。正对着大门的那张赌桌，宝官红脸老段正双手捧着只铜钵，举到齐胸高，一边双臂用力上下左右摇晃，一边扯长声音鼓动围在桌边的七八个赌客：“哎，买大赔大，买小赔小。机不可失，时不再来。要下的快下哇！”正在这时，守门的引过来一个穿藏青色棉袍的年轻人，“老段，这小哥想玩两手，挪个位置。”老段张眼一看，年轻人身着藏青棉袍，胸脯处袍子鼓得老高，戴黑顶红镶边小帽，一张脸白净无须，小眼睛分明扑闪着乡下人的机警。嘿，这乡下佬，当送财童子来了。老段心中暗喜，立刻给年轻人张罗个坐位，“兄弟，赶快试试运气！你这位置今天红着呢，刚才走的那位就赢了个钵满盆溢！”说着手向下一翻，铜钵口倒了个方向，咚，扣在桌上。“下吧下吧！看看谁运气好！”赌客们有的立刻押了，有的哆嗦着手，拿不定押大还是押小。老段捂着钵底，一点也不急。

年轻人坐下来，解开棉袍胸襟上的扣子，掏出个胀鼓鼓的红绸包，将扎着的角一拉，哗啦，一堆银光耀眼的光洋全堆在桌上那“大”上了：“一百块，全押。买大！”

“乖乖！一百块啊！”有赌徒叫出了声。有的却连连摇头。稍有经验的玩家都知道应该将钱分多次押注。赌桌上输赢机会对半，只有留了余钱，才有这次不利再图下次的资本。一注全押，被视为绝命赌。大凡绝命赌的只有三种人，一是眼输红了头输晕了，孤注一掷；二是像这如意赌坊的掌柜宁财神那样的高手；另一种就是这不知山高水低但有几个钱的乡下嫩娃娃。老段身边的二宝官立即点清了光洋，不错，不多不少，正好一百块。这功夫，举棋不定的赌徒也都下好注了。

老段大喜：“哈哈，这乡下娃娃果然是送财童子”。一般赌徒都以为买大小全凭运气，其实不然。摇骰的宝官，都有压箱子的功夫，做点。虽那铜钵上上下下左左右右晃动，那骰子咕噜咕噜乱响，但扣钵那一瞬，宝官早用上了自己的功夫，知道这一注是大还是小了。再看桌面押大押小，揭钵时手握钵口，却将小指探出，揭起那一瞬间，小指一划，骰子换了方向，便成了赔押得少的吃押得多的点数。而老段这一注做的是一二三小，刚好吃大。年轻人哪知其中厉害？正屈着指头，一下一下在桌面上叩呢。老段尽管胜券在握，但依然按惯例吆喝：“买定了么，我可是要开了！”赌徒们眼睛发亮，全都盯着老段的手，七嘴八舌催促开了，“开啊”“等啥？开了又好玩下一盘嘛。”老段喝一声好，一鼓，手猛地向上一抬，三粒骰子现了出来，不等他细看，早有迫不及待的赌徒读出了点数。“哇！四五六，大！”

老段几乎不相信自己的耳朵，四五六，大?！自己做的是小啊。定睛一看，立刻傻眼啦。三粒骰子丁字排着，红红的点数现着，分明是一粒四点，一粒五点，一粒六点。不由得只觉口发干喉发苦，难道是自己马失前蹄，做的点子不对？不会啊，明明是一二三点小。是年轻人做了手脚？可自己在赌场几十年，鹰眼一样呢，咋就没看出异样啊？看着白花花一百块光洋，由二宝官全赔给了年轻人，老段狠咽了口唾沫，将嘴贴近二宝官耳旁，低声说：“去叫二掌柜出来，今天有些邪门！”一面重新将骰子放进铜钵，又稀里哗啦摇晃开了。这一次却破天荒没有吆喝，摇过一阵，双手向下一压，“咚”的一声，铜钵扣在了桌面上。死死看着年轻人，“你买大还是小？”

年轻人将面前二百块光洋向前一推，年轻人说道：“全押大。”其他的赌徒也赶紧下注了，居然都是压大。他们看到年轻人一注就中，分明是吉星高照红运当头，当然要跟着沾光。

这一次，老段打点十二分精神，做的还是小。看着众人都下定了，他的眼睛一眨不眨地盯着年轻人的手，心想我倒是看看，你这次能耍什么手脚！年轻人仍旧屈着手指，慢吞吞地在桌面上敲着。看见老段死盯着他的手，咧嘴笑了，带着讥讽的口气说：“开吧。再怎么咱这手也是男人的，没什么好看吧？”老段鼻子里哼了一声，喝一声开，猛地揭开铜钵，目光跟着从那手回到骰子上，邪门了！老段脚下一软，几乎瘫倒，还是四五六，大！

只在片刻间，其他桌上的赌徒都涌了过来。看到四百块光洋堆得像小山一样，眼睛都直了。如意赌坊打开张到现在，已经七八年了，押绝命注的人不是没有，但像这年轻人一样，连押两注的还是第一次！老段此时红脸早变成了灰白色，那捧着铜钵的手直打哆嗦。赌徒们可不耐烦了，既想看热闹，又想跟着年轻人行个好运，全都一个劲吆喝，“老段，摇啊。”“等啥？再来啊！”老段正不知所措，一只白白胖胖的手拍在他肩上，有人轻声惊呼，“呀，赵二掌柜出来了。”但见一个五短身材，白白胖胖像一只刚出笼的馒头样的中年人，笑眯眯站到了桌那边老段身边，向年轻人一抱拳，“兄弟好手段！”

年轻人双手在胸前一捧，随便回了个礼：“运气好罢了。”

赵二掌柜一面和气，问：“听兄弟口音，是洪城人嘛。鬼手陈七就是兄弟你吧？”“赵掌柜好眼力。”赵二掌柜哈哈一笑，“刚才听说场里来了个青年才俊，我就一直琢磨着，蜀中除了鬼手陈七，谁还会有这等本事？果然是你！早就听说鬼手陈七大名，可惜一直不曾见过。失敬失敬。”那帮瞧热闹的，听到赵二掌柜叫出鬼手陈七的名号，有人发出原来如此的“哦”声，跟着低声向周围的赌徒介绍,原来赌场早有人说,洪城有个叫陈七的人,赌术出神入化。和人推牌九,他不坐庄,只将每张牌看一遍,然后任你搓开叠起,随手拈出两张,都是大小通吃的至尊宝!有人和他打赌,将骰子六点那面向上放在桌上,然后用钵罩了。他说是四点,开了来看,果然是四点。围观的几十个人眼睛瞪得像汤圆,却没看出他使了什么手法。掷六粒骰子进钵,稀里哗啦一阵摇,能将六粒骰子一粒一粒叠起,弄一柱擎天,最上一粒,就一点。可成都府和洪城,到底相隔得远,这些神乎其神的本事,谁听了都只左耳进右耳出,权当无聊时添油加醋了的吹牛闲话,没想到还真有这么个人。赵二掌柜拍拍老段的肩膀,呵呵笑着说:"在陈七陈兄弟面前,你是孙猴儿在如来佛手里闹腾嘛。呵呵。"回头看着陈七,脸上肥肉挤得只剩下一条窄缝的小眼睛,散发出兴奋的光亮:"陈兄弟这样的高手,是可遇不可求哇,呵呵,姓赵的我也禁不住有些手痒痒了。陈兄弟,和老段他们玩哪能尽你的兴?不如咱们玩玩?"

陈七巴掌一拍,叫一声"好"。"我虽然远在洪城,可也早听说蜀中赌界,一宁二赵。早就想向你二位讨教讨教了。"赵二掌柜当即向四周的赌徒抱拳一揖,"各位哥儿兄弟,借光。请退后两步以外,呵呵,让我和陈兄弟放开膀子赌几手。"能够看到高手过招,众赌徒哪个不在心里庆幸,自己今天来得真是走运,逢上了如此大好机会?立刻向后退了。赵二掌柜这才坐下来,瞧着陈七问:"玩什么?买大小,还是推牌九?""玩过骰子了,现在就推牌九吧。""好。"赵二掌柜一挥手,立刻有人将崭新厚实的绒布铺在桌面,然后用托盘端来泛着油光的骨牌和骰子。托盘放到桌上,赵二掌柜做了个请的手势,要陈七验验骰子真伪。原来推牌九,骰子要是做了手脚,将中间镂空,注上水银,水银体重,掷点时哪方受力多哪方就朝下,向上一面就是自己想要的点子,便可以随心所欲控制点数,拿自己想要的牌墩。陈七也漫不经心地探出两根手指,随便将骰子在指间夹了夹,然后声色不动地将骰子放回托盘,才说:“开始吧。”

赵二掌柜问:“谁先做庄?”陈七说:“你先。”“怎么押注?”“还是有多少押多少吧。”“好！希望陈兄弟一直吉星高照!”说着赵二掌柜将三十二张骨牌全字面向下扣了,一阵稀里哗啦搓过,分两排码定,然后重叠,再抬手说声“请”。是要陈七砌牌呢。陈七探出手,从头里抽两张,靠得近的赌徒,早低声报出砌牌术语,“哦,断龙头,”续在尾上了,“噫,添凤尾”……砌过牌了,赵二掌柜将两粒骰子抓在手里,摇动几下,说声“打!”,骰子“叮”地掷在了桌上,但见骰子古突突一阵旋转,待停下来一看,一张三点,一张四点。赵二掌柜说:“七不出门,庄家占先。”便拿了第七簇,陈七拿了第八簇。赵二掌柜将骨牌看过,原来一张九点,一张五点,点数只计一至十,就只四点。看了赵二掌柜的牌,陈七说:“对不住,长你一点。”说着翻开了牌,一张二点,一张三点。赵二掌柜脸上肥肉抖了两抖,却笑着说:“陈兄弟好手段!”四百块光洋立刻数了出来。

轮到陈七坐庄了。待牌码定后,赵二掌柜也去砌牌。那边赌徒又报开了。“噫,赵二爷以断龙头续凤尾。一刀断添龙头,凤尾抽‘雀’,中间‘搭桥’。”待牌砌好,陈七掷下了骰子,两个六点。赵二掌柜先手,拿了第十二簇,陈七拿了第十三簇。骨牌入手,陈七立刻翻了出来,两张十点,是最臭的蹩十。向着赵二掌柜长吁了口气,心想只要赵二掌柜有点就行了。不曾想赵二掌柜将牌往桌上一掷,苦笑着说:“陈兄弟吃定我了。”原来他是一张三一张七,也是蹩十。蹩吃蹩,是庄家的特权!

待下人数出八百块光洋,不等陈七有所动作,赵二掌柜发话了。“陈兄弟,今日咱们到此为止如何?”陈七却不答应:“赵掌柜开着赌场,竟要拒赌么?”赵二掌柜哈哈一笑,“陈兄弟不愧为鬼手,姓赵的自知技不如你。当然就不赌了。咱虽是赌徒,却不是那等迷了心智的。既知技不如人,何必逆水行舟?”陈七冷笑了两声,朝那堆属于他的光洋指了指,语气极为轻蔑,又说:

“咱虽是从洪城那小地方出来的，不过这点光洋倒并不怎么看得上眼。只是听闻一宁二赵是蜀川中赌坛泰山北斗，慕名前来讨教，不想赵掌柜竟挂了免战牌了。”赌徒们满以为赵二掌柜一定给激怒了，没想到他却哈哈大笑，一点也不在乎，“陈兄弟得理不饶人哇！一宁二赵原本是些虚名。而且咱是二赵嘛，一是宁当家的。可惜他到京城去了，不然倒可以陪你玩玩。这样吧，咱代宁当家的和人订个一月之约。一月之后，还在此地如何？”“好！”陈七当即答应。

叫板竞赌，订下赌约，在蜀中几十年来还是头一遭。那消息像生了翅膀，不多一会便传开了。陈七还没回到洪城，那消息已先传到了。却急坏了一个人，他的母亲汪氏。陈七的父亲也是赌徒，对这个一脉单传，自己三十岁上才得的儿子宠得不行，从小便教陈七耍牌掷骰。汪氏虽也数次阻止，都被骂住了。谨遵三从四德训诫的汪氏哪敢违逆？只好听之任之。没想到一来二去，天资聪颖的陈七竟练成了出神入化的赌术，被人称为鬼手。几年前陈七的父亲过世，汪氏才有了些说话的权利。可陈七已二十出头，苦口婆心地劝诫哪还听得进？汪氏知道陈七年纪不大，胆子却大，一心想凭赌术闯些名堂。赌场无君子，一味逞强好胜，不懂见好就收，不知要结下多少仇怨。从前陈七还只在洪城赌，现在竟赌到省城了。而且，竟向蜀中第一宁财神挑战，不由令汪氏又恨又怕又急。恨的是儿子嗜赌而自己以前太过纵容，怕的是这唯一的骨血，某一天就要横尸街头。那宁财神素有恶名，倘若一赌，输了绝对咽不下这口气，定要置儿子于死地。倘若赢了，也不会就此罢休，留下潜在的对手。急的是自己无法阻止啊，都是这赌惹下的祸患啊！想到赌字，心里却一动，竟有了个主意。

隔天陈七意气风发地回来了。刚进家门时，汪氏便迎了上去，不动声色地问：“听说你和成都府宁财神订了赌约？”一面给陈七沏了杯茶，递过去。陈七接过茶壶，吹开浮着的茶沫，喝了一口才说：“是啊。”汪氏摇头叹息一声，“你有把握赢么？”“当然有了。我已赢了赵二。”汪氏却有些不太相信，“都说你赌术如何了得，娘倒从来没见识过。不如和娘赌一局？”一听这话，陈七嘴里正噙着口滚烫的茶，一下子全呛出来了。打小长到大，可从来没见过他娘接触过骰子骨牌呢。汪氏不高兴了，“怎么，不愿意？咱娘俩要赌，也不闹着玩儿，也下注。如果你赢了，以后随你怎么赌，娘再也不阻拦你。”陈七一听，来了兴致。娘经常阻止自己赌博，虽然不为所动，可毕竟听着烦啦。不如就赢了娘，令她以后不来聒噪自己也好。当即放下茶碗，说声“赌就赌。娘，赌什么？”“推牌九。”说完从里屋端出副骨牌，放到桌上。然后问陈七：“你下什么注？”看到汪氏煞有介事，陈七笑了出声，“儿都是娘生的。什么注你尽管开口好了。”“那我要你以以后不赌为注如何？”陈七脑子一动，难得娘如此，莫非她有另外安排？口里却说：“呵呵，除了不能以限赌作注，其他由你。”汪氏苦笑着摇头说道：“我早知道你鬼灵精，不会拿那作注。好吧。”说完将骨牌倾到桌上，自己做庄，将骨牌一阵搓洗，砌了起来。掷过骰子，各自拿过一簇牌，陈七将牌一翻，笑出了声，自己是至尊宝，大小通吃。“娘，你输了。”汪氏接说：“未必吧。”将自己的牌一翻，居然也是至尊宝。庄家闲家同是至尊宝，算和局。陈七不由来了兴致，将牌推过去，“再来。”汪氏将骨牌收拢重新搓洗砌过，然后掷骰打点，各自拿了一簇。陈七一看自己的牌，呵呵一笑，“娘，你不会再有那么好的运气吧。我三六九点。”汪氏也笑了。“难说呢。娘的运气一直不错，刚好又拿了副至尊宝。”翻牌一看，真是牌九中的极品。陈七一下子跳了起来。“呀，娘，你竟有这么好的手段啊！呵呵，鬼手，你才是真正的鬼手！从此咱娘俩在赌场你作第一，儿作第二。”汪氏苦笑着说：“儿，娘要来拿你下的注了。”“娘，你要什么就说吧。噫，我头怎么有些晕呢？”说着，陈七竟有些摇摇欲坠了。汪氏指着陈七的左手，“娘要的赌注，就是这被人称为鬼手的手！”陈七大惊失色。“娘，你怎么可以以此为注？”汪氏眼里泪光莹莹，神色却是从未有过的坚毅。“你外祖父和几个舅舅都好赌,娘从四五岁时就开始搬弄骰子骨牌了,长大些也把那当作打发时日的消遣,只是都只自己一个人玩,从来没有张扬。后来你喜欢赌术,娘虽然阻止过,但并不很坚决,也许跟娘也会玩有关,都是娘的不是,才令你走到沉迷此道的地步。儿啊,赌场无君子,你逞强好胜,终会招来杀身之祸,娘无法令你不赌,只好断你一手,救你一命。我知道,你会怨娘恨娘,娘心里也痛啊,这都是娘纵容你的报应……"说着,走近陈七,手里捏着把雪亮的尖刀。陈七惊惶失措,却又手软脚绵,无法挣扎,一口气上不来,竟"扑通"一声跌倒,晕了过去……

当天夜里,大风呼呼刮着,陈家宅子突发大火,风助火势,呼啦啦蹿起的火苗映红了半边天。涪江边一艘船上,汪氏站在船头,望着火光冲天的陈宅方向,任泪水满脸流淌。过了好久,才长长地吁了口气,向船家说:"走吧。走得越远越好。"船家将长篙往岸上一点,船便离岸了,跟着唱起了船歌,"做人难喽……",粗粝凄凉的噪音,在冷冷的江面上飘开了,听上去无限悲凉。

盲　仇

清朝末年,洪城外有座废弃的土地庙,是乞丐小三儿的“家”。小三儿十一二岁光景,白日到洪城乞讨,夜晚便回庙里睡觉。

这天傍晚小三儿回来时,看到庙前坐着个黑瘦男子,正埋着头忙乎。走近些一看,那男子在搓皮绳,小三儿直咂舌头。一般人搓皮绳,都得将剖好的牛皮条浸入水中,泡上七天七夜,等牛皮酥软了再搓。这男子搓的却是竹筷粗细的干牛皮。干牛皮又糙又硬,棱角快得像刀子,不但硌手,而且搓出来的皮绳咬合也不好。还没来得及把肚里的疑问说出来,那男子抬了头,黝黑粗糙的脸朝向小三儿,本该是眼睛的地方,却是两个又黑又深的窟窿,原来是个盲人。“小兄弟,这是你的‘家’吧?”那男子问道。小三儿一惊,心想他既然看不见,自己又没说话,他咋知道自己是小孩子?而且庙里属于自己的东西一样也没有,怎会说是自己的家?“你咋知道我是小孩子?这里是我的‘家’?”

男子咧嘴一笑,“我眼虽瞎,但耳朵不瞎啊。你一路蹦蹦跳跳,那脚步声我还听不出?神案下那张稻草铺的床,也只够个孩子睡。”嘴里说着话,手上动作不停,片刻间便搓好了根皮绳。小三儿发现,那又糙又硬的牛皮条,在男子手里竟然像稻草一样柔和，皮条与皮条间咬合得匀匀实实。男子又说：“小兄弟，和你挤一个‘家’如何？”

小三儿一个人住在庙里，早就感觉孤寂了。又见这男子虽然眼瞎，却一点也不讨厌，立刻便应承下来。又问那男子怎么称呼，那男子脸上露出既像哭又像笑的表情，叹息了声道：“我是瞎子。就叫我瞎子吧。”小三儿想，人家年纪比自己大好多，咋能叫瞎子呢，就说：“我叫你瞎哥吧。”那男子不置可否地笑了笑，默认了这称呼。

进了庙里，神案上放着柄竹琴，两张拴着铜铃的竹板，小三儿在城里见过，知道是用来唱“渔鼓道琴”的家当。瞎哥告诉小三儿说，他就是靠着唱“渔鼓道琴”和卖搓好的皮绳，讨口饭吃。两人说了会闲话，早早便睡了。

第二天早晨，小三儿还在睡梦中，就被一阵声音惊醒了。抬头一看，瞎哥站在空荡荡的大殿里，正对着墙壁叽叽咕咕说话呢，那城里梨园班子的那些生末净旦丑练声，小三儿也曾见过，知道瞎哥是在练声。可人家那是往好处练啊，瞎哥声音本来就嘶哑，这会儿嘴里说的竟然还要嘶哑。瞎哥一句话说完了，立刻侧耳，去听空荡荡的大殿里萦绕着的回音。听过了，叹息一声，“嘶哑有余，中气不足。”“啪”，竟往自己脸上掴了一巴掌。小三儿又惊又惧，这时瞎哥却回过头来，两边脸颊都肿了，印着好些指印。“小兄弟醒了啊。”又一副和和气气的样子。

小三儿本来想要问个究竟，瞎哥已经提起早收拾好的东西，说声“走吧，讨生活去。”手持根竹棍儿，笃笃探着路，出庙了。瞎哥手里的竹棍儿，像长了眼睛似的，小三儿几乎要小跑着才能跟上。

进了城，找了块空地，瞎哥斜抱着竹琴，指尖敲击着竹琴尾部，另一手持着筒板，有节奏地扑打着，板上系着的小铜铃跟着竹板相碰，铃也响板也响，一齐发出铿锵的音韵。拉长嗓门叫一个板，便自顾说唱开来。立刻就有人上来围观，听了一会，都皱了眉头，瞎哥敲打竹琴竹板弄得有板有眼，可他那副嗓子实在不敢恭维，那说唱角儿，分明有男有女，可到了瞎哥嘴里，全都成了一个调调，都嘶哑得像鸭公。说说唱唱了一个多时辰，场地上才稀稀落落散着几个小钱。小三儿心里叹息一声，也帮不上忙，只好自己乞讨去了。

打这天起，瞎哥每天上午，城里哪人多就往哪去，唱他的渔鼓道琴。下午便沿街吆喝，卖他编织的牛皮绳。小三儿还是一如既往地在城里乞讨。

这天傍晚回去时，小三儿看到瞎哥在神案下一动不动坐着，黝黑的脸上神色凝重，身边也不像往日那样，放着剖好的牛皮条。小三儿连唤了他几声，瞎哥才回过神来，轻声道："小兄弟，瞎哥我要走了。"一边说一边把手伸进衣兜里，掏出个沉甸甸的荷包，"瞎哥帮不上你啥，这些小钱，你留着吧。"原来那荷包里，全是些铜钱。

听瞎哥这么一说，小三儿心里难受得不行，也不接瞎哥递过来的荷包，带着哭腔说："瞎哥，这钱你留着啊，我能照顾我自己。"

瞎哥苦涩地笑了笑，手向前一伸，就抓住了小三儿胳膊，还没等把荷包塞进小三儿手里，小三儿却"哎哟"一声叫了出来。瞎哥脸上现出惊诧的神色，手在小三儿胳膊上一摸，"你的手脱臼，怎么回事？"嘴里问着，手往上猛一提，"咯嘣"一声响，小三儿尽管痛得差点叫出了声，可感觉到胳膊上的痛楚立刻减轻了，再试着抡抡胳膊，嗨，那脱臼的地方已经给驳上了。小三儿这才委屈地讲了胳膊脱臼的经过。

就在傍晚前，小三儿钻进城西"悦来客栈"，本想去讨点吃的，没想到被客栈老板张富贵抓住了，不但恶狠狠打了他几巴掌，最后还拧着胳膊，把他摔出大门，结果就把胳膊给弄脱臼了。听着小三儿的讲述，瞎哥一张脸黑沉得像烧过一冬稻草的锅底，眉头也拧成了个大疙瘩，把荷包往小三儿怀里一丢，拾起探路的竹竿，笃笃探着路，径直朝向城里的方向。小三儿带着哭腔挽留，瞎哥只叹息着说声"小兄弟保重。"便头也不回地走了。

这天晚上小三儿怎么也睡不好，好不容易挨到第二天，刚懒洋洋走进城里,却听到一阵吵闹声。仔细一听,吵闹声是从“悦来客栈”那边传来的,里面分明夹杂着瞎哥低沉嘶哑的声音。不由得心里一惊,赶紧跑到客栈前。只见客栈外被人里三层外三层围着,小三儿从人缝里钻进去一看,客栈掌柜张富贵和瞎哥抓扯在一起。那张富贵正向围观的人申诉:“我早瞧你这瞎子有鬼名堂。昨晚本不要你住宿,你却一副有钱人口气,开口就要上房,还说短不了我一个子儿。到今儿结算房钱了,嘿,付钱倒爽快。拿出来这钱褡裢,却明明是我的。”

小三儿这才看到,瞎哥手里真的死死捏着个胀鼓鼓的钱褡裢。瞎哥分辩道:“掌柜的,你心也太黑了吧。这褡裢明明是我的,你怎么信口雌黄?”

有人提示说:“既然你们都说是自己的,那这褡裢有什么标记,里面有多少钱?”

瞎哥抢先说道:“我这褡裢是上等纺绸缝制的,上面绣了个‘张’字。里面有九个银洋,三个小钱。”说着把褡裢展开,表面上果然绣着个“张”字,再一数里面的钱,数目全对。

那张富贵张口结舌,脸一下子就涨得通红,好一阵才气急败坏地说:“好你个瞎子,我,我与你见官去!”说着向围观的人打躬作揖请求:“各位街坊邻居,请大家陪我去见新来的青天大老爷,是非曲直,请大老爷公断。”说完扯住瞎哥,“瞎子,有胆咱们见官去!”

瞎哥脖子一拧,“去就去!有理走遍天下,黑的还变白的了不成?”把张富贵气得直翻白眼。

推推搡搡来到县衙,皂役报了上去,不多一会知县孙仲文坐上了大堂。那张富贵抢前一步,“扑通”一声跪下,磕头如捣蒜:“青天老爷,给小人主持公道哇!”

这孙知县从湖北到洪城任知县才第三天,洪城人大多还不认识他呢。听了张富贵的话,他眉头一皱问道:“有啥冤情委屈,说与本县听听。”孙知县一开口，从客栈过来的一帮人，全都脸现惊诧之色。这孙知县嗓音低沉喑哑，那口气腔调居然和瞎子一模一样。那张富贵更是给弄得一愣一愣的，瞅瞅孙知县，又瞅瞅瞎哥，倒忘了说他的冤屈了。直到孙知县不耐烦地拍惊堂木，这才指着瞎哥说道："这瞎子昨晚投宿我客栈，我本不想收留，他却一拍胸脯，说不会短我一厘一文。等到今早他要走了，过来和我结算房钱，我一看他掏出的钱褡裢，着实吃了一惊，那褡裢分明跟小人的一模一样。再一摸腰间，半个时辰前还揣着的钱褡裢，却不翼而飞了。小人姓张，这褡裢上绣着小人的姓，而且里面共有九个银洋三个小钱，没想到这瞎子也说，那褡裢上绣着'张'字，褡裢里放着九个银洋三个小钱。"

孙知县叫皂役呈上褡裢，先将褡裢仔细看了遍，然后又将里面的银洋小钱倒出来，把玩了番，这才看着瞎哥，问道："你作何营生的？"

"小人唱渔鼓道琴为生！"瞎哥一开口，孙知县和皂役们也现出了惊异的神色。孙知县道："你这嗓音，倒极像本县嘛。"

瞎哥磕了个头道："小人怎敢和大人相提并论？"

孙知县绷得紧紧的脸皮上现出点笑意，"你唱渔鼓道琴，一天大概收入多少？"

"十来个小钱。"

孙知县嘿嘿一笑："一天十来个小钱，你得吃得喝，所剩应该不过三五个小钱吧，要累积到九个银洋，算来得三年五载的功夫才成！"说到这里，孙知县笑容一敛，"本县看这银洋，全都崭新锃亮。若是你长年积攒，少不了常要摩挲。经年累月，银洋边缘怎会如此棱角分明？再者这钱褡裢，乃是上等纺绸缝制。这上等纺绸市价不菲，缝这褡裢也得耗上百文。你日收入不过三五文，舍得如此浪费？"见孙知县这么一分析，张富贵面露喜色，那在衙外看热闹的人也暗暗点头。

小三儿和瞎哥接触几天，从来没见过瞎哥有这褡裢。这会儿明白过来了,感情是瞎哥听说自己被张富贵毒打才去报复的。可看现在这情形,对瞎哥一点也不利,不由捏了把汗,暗暗为瞎哥担心。

瞎哥声色不动,不卑不亢地道:“大人有所不知,这褡裢本非小人所有,乃是他人所赠。”

孙知县不屑地一声冷笑:“何人所赠?”

“一家被大火烧了的染房主人。”

这话一说出,孙知县身子一震,腾地从坐椅上站起身来,跟着又缓缓坐下:“哪里染房?”

瞎哥摇头道:“那主人只说是涪城人,染房在哪里,小人却一点不知。”说着从怀里拿出一块折叠得方方正正的白布,又说:“那人说,染房在哪里和怎么起火的,他都写在布上,小人眼瞎,也无法告知大人。”

不知怎么的,孙知县脸上一阵红一阵白,身子也微微有些颤抖,好一阵才强自镇定地道:“本官倒要看看,这赠你褡裢的人,是何人。”说完离座走到瞎哥身旁,探手抓住瞎哥捧着的白布。不曾想原本跪着的瞎哥,身子向上一长,猛然站了起来,右手一个环抱,已将孙知县抱入怀中,左手一勾,便搭在孙知县咽喉上。仰头哈哈大笑,笑声里饱含着无尽的痛苦和欢欣。“苍天有眼啊,恶贼,你终于落到我手里了!”那块白布飘落下地,上面竟然啥也没有。

事发突然,大堂上的人全都愣住了。那些反应过来的皂役,要扑过来救助,瞎哥大吼一声:“都停在原地莫动!瞎子我耳朵灵得很,要是有半点异响,立刻拧断他脖子!”抱着孙知县腰的手抓住孙知县的手腕一捏,便听到一阵骨头的碎响,孙知县头上冷汗淆淆直淌。那般皂役见到此情景,哪里还敢动?

“二十年前我只六岁,母亲早逝,和父亲守着间小染房,染布匹挣钱营生。那一天父亲出去送布,留我一人在家。估计父亲要回家时,我躲进院中石仓里,把门拉上关好,想惊吓他逗乐。等了好久,父亲都没回来,不知不觉中我却睡着了。等我醒来时，听到父亲正说：‘这小王八蛋跑哪去了？’从仓门缝往外一望，父亲正满院寻我呢。正要出声提示，院中柴草堆里突然站起个人，抡着根木棒猛砸向父亲脑袋，只一眨眼间，我那活生生的父亲便倒在了血泊中。那人砸死我父亲，却又向我父亲尸体磕头作揖，一个劲说话，也幸好他说话啊，我才记住了他声音。后来那人将我父亲卖布的钱揣入自己怀中，又放了一把火，然后跑了。”说到此时，瞎哥脸上淌满了浑浊的泪水，恨声道：“老天有眼，染房在大火中化为灰烬，烟雾虽熏瞎了我双眼，我却因藏在石仓中捡回了条命！这些年来，我一直模仿那人说话的声音，一面搓牛皮练力，走遍大半个四川，终于在昨天听衙门里人说，有人和我一个嗓音。”说到这里，朝向张富贵颔着道：“幸好张掌柜可怜，愿意同我演这双簧，不然，我又如何能得偿所愿？”

张富贵脸色如土，吓得张口结舌。心知这瞎子是拉自己垫背啊。不管这孙知县有命没命，那衙门的人一追究，自己跳进黄河也洗不清了。

瞎哥惨笑道：“知县大人，你有何话说？”

孙知县脸色如纸一般苍白，苦笑一声说道：“你可知道，当日我为何袭击你父亲？我本是梓州上京应试的举子，那日经过涪城武家坡，被几个凶神恶煞的人给拦住，虽扔下装有银两的包袱逃跑，那几人仍然不肯放过我，在身后一直疾追，我慌慌张张不知逃了多远，逃到染房前，见院门微掩，连呼几声也没人应，便藏匿在院中柴草堆里。没过一会儿，便听到有人一边骂骂咧咧，一边在院里寻找，我只当是强盗追来了，便趁那人背向我时，抓起草中木棒袭击了他。不曾想砸死他后，却才发现根本不是那几个强盗一伙的。自责内疚一番后，又夺银作路资，焚火灭罪证，然后逃之夭夭。”说到这里，孙知县脸上也淌下了两行泪水。

瞎哥张嘴正要说话，孙知县突然大吼一声，“不可！”话音未落，抬起一只胳膊挡在面前。只听见“砰”一声响，孙知县身子一震，胳膊上立刻溅出道血来。藏身在皂役后面，一个仆役样的人失声叫道："老爷，你……"他手里平端着的火枪，枪口还袅着道白烟。

"我不能一错再错了。"孙知县惨笑着道。

瞎哥惊愕地圆张着嘴，黝黑的脸上表情变幻莫测，木然立了好久，猛将孙知县一推，转身跌跌撞撞往公堂外走去。本已摇摇欲坠的孙知县，朝着瞎哥走的方向，长跪了下去……

这天晚上，孙知县自缢在县衙里了。留下份向上司解释的呈子，里面详细讲述了误杀人和夺银纵火的经过。而瞎哥也不见了踪影。有人说，最后看到瞎哥是在涪江岸边，他的样子狰狞可怖，两个黑洞洞的眼眶往外淌着血，嘴里喃喃在说："你本可做个好官的……"

道　行

光绪末年，洪城有一个道行挺高的贼，姓陈名步云。因为打娘胎里出来，一张大嘴赶热闹似的，可着劲儿往左脸颊扯。乍一看，鼻尖对着的，正正的是右嘴角。所以人不叫他大名，都叫他陈歪嘴。

有天陈歪嘴在金华上街天上宫喝茶，城西张大富和他打赌，说如果三天内，能偷了自己穿的花裤衩，愿意输十两银子，如若不成，陈歪嘴赔二十两。陈歪嘴一口应承下来。张大富暗暗好笑，裤衩就套在自己身上，不脱不换稳操胜券。第四天，当着一大帮看热闹茶客的面，脸像草纸一样颜色的张大富，垂头丧气掏了腰包。看热闹的不理解，贴身的裤衩咋会被盗了？问张大富，支支吾吾却说不出所以然。后来才知道，张大富不单不换裤衩，和老婆也分床而睡。可第三天晚上，张大富迷迷沌沌睡着了，四十好几的人，居然尽做风花雪月的梦，梦遗了三四回，裤衩脏得不行，迷迷糊糊除下来，心想塞到枕下也稳当。光着身子才睡不一刻钟，床前有人说话了，是陈歪嘴："还敢睡啊，当心桃花梦梦死你。"呵呵一阵笑，声音和人影上了梁出了天窗，转瞬间远了。张大富才发觉，左右脚板心涌泉穴上分别贴了指头大两片草纸，有点见识的人都知道，这叫桃花符，要不及时发觉，定会精尽人亡哩。

这陈歪嘴做贼的道行,够高了吧?

陈歪嘴四十出头时,生出金盆洗手的念头。金盆洗手之前呢,得好好弄票大的。有这念头后,立刻瞄上了城北段家。

洪城盛产棉花蚕桑,纺织和缫丝的作坊很多,织好的布匹、缫好的纱锭,由大商户收了运出川卖。城北有个叫段三的商人,生意做得很大。大半个县的布匹纱锭,都由他收购,每年只收一次。收好了装成船队,顺涪江水路入长江出三峡运往沿江省市。到第二年收购时节,才又回来。回来了,就把赚来的钱存放在家里。那时候银号钱庄很多,可是段三不,一句话,怕银号不可靠,都私人办的,万一倒闭了,可就血本无归。全兑成保值的银锭金锞,存在自己家里,虽然不会下崽,但有段九守着,万无一失。

段九是段三的堂弟,很小就死了爹娘,一直跟着段三,比亲兄弟还要可靠,出名的忠厚老实。不是做生意的料,却练了一身好武功。潼川府每三年都会由一干乡绅牵头,纠集上下三县尚武的汉子进行散打擂台赛。只要段九一去,那头名该得的全猪全羊一定是他的。由他留下来看家护院,鸡摸狗盗的哪还敢打主意?

陈歪嘴盯上段家,花了三十个晚上,狸猫样伏在段家的檐沟里,将段家摸了个透彻。段家平常只有段九和一个有些耳背的老头看家。老头负责打扫院子,买菜烧饭。段三的银锭,就放在段九房里半人高的黄铜箱子里。箱子是连成一块铸的。先用沙糊就箱子的模型,再浇上烧熔的铜水,冷却后便成了一坨笨重的铜疙瘩,斤两怕少不了有一千五百斤。荷页从里面连着,外面不见一颗铆钉一个铆孔。箱盖箱体一扣,几乎看不出那道交接的缝。锁不是平常的挂锁。箱盖和箱体的交接处,两排锃亮的生铁齿轮上刻着从零到十的数字。陈歪嘴能开成都锁王的连环子母锁、重庆沈家的蝴蝶鸳鸯锁,但这东西不但没看过,听也没听说过。如果段九偶尔开开箱,哪怕只开一次,他也有办法弄到窍门。三十个晚上倒有二十五个晚上在等机会。但段九从来没开过箱，每夜时候差不多了，就在箱前的床铺上呼呼大睡。开不了那箱，那就连箱子偷。可是有那怒目金刚样的段九看守着呢。陈歪嘴苦思冥想，决定来个智取！

段家大院开后门就是浩荡的涪江，段三贪图便利，在江水回旋形成的湾流处筑了青石堡坎，再在上面造屋。每年收购的货物囤积在家里，到要外运时，货船泊在湾流里，锚锁到堡坎上。打开后大门，装货又快又方便。陈歪嘴主意定了，在一天黄昏，趁有些耳背的老头回了乡下，提了段九最爱吃的陈家酱烧腊，最爱喝的太乙高梁烧，径直去拜访。进院的时候，段九正在练功，九十五斤重的石锁，抡得呼呼响。见了陈歪嘴便歇了手问，“有奉承之意，必有苟且之心，你打的啥歪主意？”

陈歪嘴说：“老实说，财帛动人心，说我没打你主意，那是假的。只是我怕你呀，命只有一条，拿鸡蛋碰石头，怕小命不保呢。没命了再多的银子也没法子使唤。”

段九面露得色：“你倒会看形势。”

陈歪嘴说：“上下三县，你我算人物。识英雄重英雄嘛，所以……”

段九鄙夷地瞅着陈歪嘴，说：“你也算英雄？”

“咋就不算了？上九流下九流，哪一行里都有人物。梁山泊鼓上蚤时迁，和咱一样的营生，名头照样响当当！孟尝君从险境逃出来，还全仗鸡鸣狗盗！我也学曹孟德刘玄德，和你煮酒论英雄。敢喝不敢喝？”陈歪嘴振振有词地说。

段九大笑，一身的腱子肉直打闪。“好，我且喝你的酒，再看你葫芦里有啥鬼名堂！”转身取来杯盘筷子，盛了烧腊，就摆在院中石条桌上。陈歪嘴倒了酒自己先干了一杯，“我下得有蒙汗药哟，你还是小心些好。”

段九呵呵大笑，“咱就喜欢蒙汗药！”仰头吱儿一声，杯里的酒便入了肚皮，然后咂巴嘴皮，连呼好酒好劲道！陈歪嘴早就知道，段九嗜酒如命。不由得竖起大拇指,“段老哥果然豪爽!”

一来二去,几杯酒下去了,段九已经红了眼睛卷了舌头。“噫,看来你真的下了蒙汗药?”段九用力晃晃脑袋,有些狐疑地问,“我咋感觉天旋地转呢?”

“我都有言在先了嘛。”陈歪嘴老老实实说。“我要那箱子,你这关过不了。正所谓不入虎穴,焉得虎子?呵呵,单刀直入来找你,你仗着一身本事,哪里会瞧我在眼?何况酒我也在喝。不过我是有备而来的。只宜智取,不可力敌啊!你还不倒么?”

段九“咕咚”一声真的就倒了下去,软瘫成一团泥,发出雷一般的鼾声。

一切都跟陈歪嘴的计划并无二致。陈歪嘴不急不躁到后院开门,有艘船早等在那里,上来几个同伙,进屋将箱子牢牢捆了,大大方方抬到船上。再看段九,呼噜呼噜睡得正酣。看样子等他醒来时,这船顺风顺水,早过了重庆入三峡了。就扯帆开船,船离洪城百余里了,才慢条斯理使锤砸、用钎撬,好不容易弄开铜箱,箱盖一打开,几个人三九天掉冰窟窿里般,全傻愣了眼——满满一箱断砖头烂瓦片。陈歪嘴大惊失色,将箱子翻了个底朝天,银角儿也没一个……

没两天时间,洪城方面已经传出来了消息:潼川府衙往全省各衙门投了文书,要求协助捉拿大盗陈歪嘴,说段家的一箱子财宝被他给盗了。一拳能打死头牛的段九,凑钱买了艘船,也从水路出发了。出发前当着全城人的面流着泪拍胸膛,发誓说哪怕陈歪嘴逃到天涯海角,也要揪他出来碎尸万段。那一箱子,全是他哥十来年的血汗钱啊!

陈歪嘴只觉得脚发软口发苦,人家说过喜欢蒙汗药,还真是老实话呢。不由得狠狠抽了自己两嘴巴,“我他妈算有什么道行嘛,跟人家比,差八帽子远哟!”

后来,再也没人看到过段九和陈歪嘴了,都像从人世间消失了般。

花炮王传奇

1944年6月，日军第三次侵占浏阳。本是闻名中外的花炮之乡浏阳，从前红红火火的花炮作坊，全都歇业了……

七月中旬这天，十来个鬼子兵，闯进“李记花炮坊”的大院。这“李记花炮坊”当家的叫李志成，是远近闻名的“花炮王”，六十出头，看上去精巴干瘦，为人正直，疾恶如仇。这会儿正和两个儿子大虎、小虎在院中商量出路。一见鬼子进了院，心里立刻涌出不祥的预感。这时大虎已站起来，拦在鬼子面前，黑沉着脸问道：“你们有啥事？”

“我的，要见李会长的干活。”一个鬼子军曹用生硬的汉语说道。哈马狗样跟在鬼子后面的瘦翻译，接上话头说：“太君要见李会长，你还不让开？”浏阳三十三家花炮作坊，成立了个花炮行会，李志成是大家推举的会长。听说鬼子要见自己，李志成心里一惊，但还是站了起来，不卑不亢地问道：“什么事？”

那瘦翻译上前说道：“李会长，皇军要建立大东亚共荣圈，希望大家伙都能像以往一样热闹喜庆。可三年一届的花炮比赛，眼瞅着就快近了，三十三家花炮坊，全都没动静，皇军不乐意。要求所有的花炮坊立刻准备，七月二十三在城内校场比赛，挑选新一届的花炮王。八月十五，再由新的花炮王给来浏阳视察的皇军献礼。”

李志成死盯着瘦翻译，恨不得剥下他层皮：“要是不准备呢？”

瘦翻译“嘿嘿”一声冷笑，一挥手，便拥上几个鬼子兵，用刺刀逼住大虎，然后摇头晃脑地说：“你儿子现在由皇军帮你养着。要是老老实实准备，他就毛发无损。要是不准备，嘿嘿，”指着大虎的脑袋，威胁说，“你儿子就只好让皇军点天灯了。“叭”的一声，脑髓儿溅出尺多高，可不是好玩的。”说完押着大虎，耀武扬威地走了。小虎急红了眼，要和鬼子拼命，被李志成一把拽住。

鬼子前脚一走，又来了二十来个花炮坊当家的，都说鬼子扣下了他们的家人，勒逼着要他们准备。大家一筹莫展，说要是不准备，家人肯定性命不保。可要是准备了，实在是咽不下那口气。有人试探着说：“要不，咱们就马马虎虎准备一下，把鬼子敷衍过去？”

李志成一直闷着头抽旱烟，见大家都盯着他，等他拿主意，便叹了口气说：“看来只好准备了。只是弄得马虎了，鬼子也不是那么容易就糊弄过去的。大家还是像往年一样，拿出自己的绝活儿吧。”李志成这话一出，众人都面面相觑。可一想，也是那么个理，便都垂头丧气地走了。

等众人一走，早就憋着口气的小虎，立刻气呼呼地说：“爹，咱们的绝活儿，是给咱们中国人瞧的。让鬼子看？咱丢不起那人！”

李志成看了看小虎，并不接他的茬，只低声问：“小虎，你怕不怕死？”

小虎瓮声瓮气地说：“怕。可我恨死鬼子了，一看到鬼子，就忘记怕了。”

李志成赞许地点点头，说：“咱们拿出绝活儿，先稳住鬼子，把扣下的人救出来。然后让等咱们献礼的鬼子，回东洋老家！”小虎一听这话，先前还有些愣神，跟着立刻眉开眼笑了，搓着巴掌兴奋地说：“对对对，到时候咱们去炸那些鬼子，让他们回老家！”说完兴冲冲就去准备了……

眨眼间，就到了七月二十三这天晚上。浏阳城里的居民，大多被鬼子伪军从家里赶了出来，围聚在校场东西南三方。校场北方，垒着个台子，上面坐着一排鬼子汉奸。校场中央，雪白的石灰划着三十三个大框，三十三家花炮坊，各带着箱笼炮仗立在指定的框里。校场四个角上，各搭着个架子，亮如日光的探照灯，在场内扫来扫去，穿梭交叉，把整个校场照得如同白昼。一个鬼子少佐，冲瘦翻译一阵叽哩呱啦。那瘦翻译一阵点头哈腰后，站到台前，双手捧着个写着日文的金牌，尖着嗓门声嘶力竭地嚷道："咱们皇军说，要将三年一届的花炮比赛，发扬光大！以往比赛出来的花炮王，得的不过是个屁钱不值的银牌牌。今年皇军开恩，用十八两纯金打了个金牌，奖励本届的花炮王！现在，比赛开始！"校场四角的探照灯，光焰立刻灭了，整个场中顿时漆黑一片。

"噼"一声锐响，小虎率先放出了支轰天炮。只见一支桶粗的炮仗，拖曳着一束亮丽的火花，直向夜空窜去。那火花先只抱粗，随着炮仗窜高，火花形成个漏斗状，愈来愈大。等到炮仗窜到万米高空，尾部的火花差不多一丈见方了，"轰"一声巨响，震得地皮都簌簌直抖，夜空中炸出个炽如烈日的大火球，跟着大火球迅速分开变成万千个小火球，各拖着亮丽的尾巴向四面八方散开，开成璀璨的花树，然后小火球又各自炸开，向四周炸出无数更小的火球。高空中噼啪声不绝，火花火球交相辉映，壮丽非凡。

其他炮坊，也相继燃放出了自己制作的花炮。一时间"穿云箭"嗖嗖飞窜，"飞天鼠"爬高伏低，"旱地龙"骄矢不群，"奇声炮"虎啸龙吟……整个夜空中，异彩纷呈，绚丽夺目，奇声迭起，不绝于耳。那一大帮鬼子，哪见过这么壮丽的场面？全鹅一样探长了脖子，盯着夜空，看得痴了。

看看时候差不多了，李志成冲小虎一点头，小虎心领神会，将辆小车轧轧推到场中。看到小车上，足有簸箕大半人高，像一只寿桃样的花炮，有人立刻兴奋地嚷道："花炮王要放'五女拜寿'了！"只见那寿桃下面用绿绸竹片，裁扎成桃叶模样，托着白绸做成的桃子。那桃子自桃尖往下，先深红再桃红淡红，最后齐腰以下红白相间。整个看上去，像新摘下的蟠桃一般娇艳欲滴。小虎用火煤点燃桃叶下的药线，只听得簌簌声响，那桃子慢慢旋转，从车上冉冉而起。桃子底部绿叶以下，簌簌作响的火花，形成一道道旋转的火圈。随那火圈愈旋愈快，桃实上升和旋转的速度也在加快。渐渐桃子升到百米高空了，本来在底部旋转的火圈，一圈圈向上升起，将桃子圈在正中。难得的是那些火圈，大小恰当，疏密有致，看上去仍然是一只桃子的形状。正在众人目瞪口呆之时，那桃子突然炸开，立刻撒出数万点火花来，火花旋舞纠缠，在空中形成五个女子轮廓，只见那五个女子，低首躬身，齐齐朝着场中，深深鞠了个万福……

李志成自然仍是“花炮王”，瘦翻译一边把金牌往李志成手里塞，一边说：“这是十八两金子哇，花炮王。这回你发达了。好好准备，过些天再给皇军献礼！嘿嘿，到时还有重赏呢。”

这金牌接是不接？李志成正在犹豫。突然听到有人阴阳怪气地说：“他会的我全会。我会的他不会。嘿嘿，什么花炮王？我还没出场呢。”李志成心里一沉，回头一看，只见身后立着个竹竿样瘦长的人，斜吊着眼睛，双手笼在袖中，完全是副不屑的表情。这不就是自己胞弟，那个被逐出李家的李志远……

那人叫李志远，本是他弟弟，原本极是精明能干，可是不但好赌，而且染上了鸦片烟瘾。愣是将老母亲活活气死不算，又嫌李志成碍手碍脚，便自立门户，也打出了“李记花炮坊”的招牌。毕竟是一母同胞，李志成对他忍让有加。可后来他在花炮里加了过多的黄泥，根本燃放不出效果。而这批花炮，是豫中客户来找浏阳花炮行会订的，因为量大，每家炮坊都分了份额。客户运货回去后，发现后一怒之下，将货全部退回。在花炮中加过多黄泥影响质量，原本就是砸炮坊招牌。

李志远怕承担责任,却去收买另一家炮坊的工人,将几箱没发出的货,塞进人家仓库栽赃嫁祸。事情查清后,所有炮坊一致要求,将李志远逐出行会,并且与花炮材料供应商联成一气,不准他再制花炮。李志远始终认定,是当会长的哥哥整他,打那以后,便与李志成势如水火。虽在同一城里,两人却如同陌路人。现在这李志远,连赌带吸,早将家当败坏干净,只剩个孤家寡人了。

李志成厉声责问:“你早被逐出花炮行会,不准再制花炮了。有什么资格说三道四?”

李志远连打了几个呵欠,才懒洋洋地说,“现如今是皇军的天下,这旧皇历,难道还能翻么?”见两人起了争执,那鬼子少佐问瘦翻译:“他们,什么的干活?”瘦翻译点头哈腰地解释:“他们是兄弟俩。当弟弟的,不服气哥哥,要和他比试。”

少佐哈哈大笑:“中国人,兄弟俩的斗,好的!好的!”

一听鬼子这话,李志成急了。他知道李志远虽然不成气,可脑瓜子灵活,没在制花炮上少下工夫。真要是比试,自己输了事小,谋划着炸鬼子的大计肯定就给毁了。忙放缓语气,低声下气地说:“这花炮王的头衔,我要不要有什么打紧?这金牌你拿去吧。”说着,把金牌递过去。

没想到李志远嘴一撇,根本不领情。“谁要你让?嘿,晓得花炮王的头衔保不住,害怕了?我告诉你,这趟要是你输了,非得让你一家滚出浏阳,才能消我心中之气!”转过头向那瘦翻译请求:“这么些年,我简直没活出个人样。现在我得逮着机会,活得像人。今晚要是我胜了,‘李记花炮坊’就得换主儿,请皇军立刻让他一家滚蛋!”听着这些厚颜无耻的话,李志成的肺都气炸了,哆嗦着嘴唇说不出话了。瘦翻译一脸幸灾乐祸,一个劲朝李志远打包票:“只要你胜了,就是要杀他一家出气,皇军也答应,别说让他滚了。”鬼子少佐急不可耐地直催促:“快快的比,快快的比。”

“比比，马上就比。”李志远一脸谄笑，将一辆架子车叽叽咕咕推到场中。那架子车上，卧着管长约丈许、顶成锥状、粗如圆柱的大型炮仗。尽管全身用金箔贴满，金光闪闪花里胡哨，却其貌不扬。瘦翻译禁不住心里嘀咕，李志成的“五女拜寿”，从外形就已经先声夺人了，李志远这能成么？只见李志远将架子车尾部压下，令车的另一头高高翘起，让柱型炮仗圆锥状的炮首，朝天翘起，然后才点燃了尾部引药火线。引药声“休休”作响，向后激喷出大束火花，冲激着炮仗窜离车身，射向夜空。随着炮仗升高，蒙着的金箔突地燃烧起来，不多一会，整个炮仗已成金中有红、红中有金的一束，在空中蜿蜒扭曲，围着校场兜起了圈子。兜了约摸两圈，所有人都看到空中一条金龙，有鳞有角，张牙舞爪，挟着红花紫烟，忽而向上一窜，似乎要直飞九霄；忽而低头下潜，似乎要投身入海；忽而首尾相衔，似乎在自娱逗乐；忽而拉直成线，横飞数丈。恰时几声爆响，全在龙吻处响起，似乎它正咆哮着兴云布雨呢。所有人都瞠目结舌，连喝彩都忘记了。这时，金龙扭首回身，朝向场北台子，似乎喷云吐雾般吐出几个火团，火团旋舞片刻，渐成形状，隐约可见，那是五个字：“大东亚共荣”……

等到光影散尽归于平静了好久，校场里才响起一片“好”“好”“吆西”“吆西”的惊叹声。那个鬼子少佐翘着大拇指，冲李志远赞叹道：“你的，真正的花炮王！”那个瘦翻译官兴奋得直哼哼，一张小脸变成了猪肝色，捡起地上的金牌就往李志远手里塞。李志成哇地吐了口血，愣是气急攻心晕了过去……

李志成被小虎背回家没多久，大虎也被放回来了。第二天一大早，瘦翻译和李志远便带着一队鬼子兵来了，瘦翻译恶狠狠地吼道：“你们爷儿几个赶快收拾着滚吧。从今往后，这‘李记花炮坊’便是新花炮王当家了。”李志成死盯着李志远，眼睛里都快淌血了，他拽住想拼命的大虎小虎，什么话也没说，简单收拾点东西就带着一家人出了城。

大虎不甘心，恨恨地问：“爹，咱们难道就这么走了？”小虎气呼啦地建议:“既然鬼子炸不了,咱们就把李志远这个败类炸了!”这建议立刻得到了大虎的响应。心力交瘁的李志成,也同意了兄弟俩的意见。在城外一家亲戚家安顿下来,兄弟俩立刻潜回城中,打算摸清李志远的情况,然后炸死他。可很快发现,“李记花炮坊”外一直有一队鬼子兵守着。而李志远更是大门不出,二门不迈,加班加点准备献礼的花炮。无计可施的兄弟俩,便投奔了游击队,他们发誓一定要铲除李志远这个败类。

元宵节这天,满载着鬼子兵的大车小车开进了浏阳城里,天还未黑,浏阳城门便关上了。入夜不多久,校场便又燃放起了花炮。隔城三里,都能听到从校场里传出的炮声。一阵紧一阵的欢呼声,噼里啪啦的花炮爆炸声,听在仍躺在病榻上的李志成耳里,更令他心如刀割,不住淌血。蓦地一声惊天动地地炸响,震得大地都在摇晃了,跟着响起炒豆样的枪声。李志成知道,大虎小虎和几个游击队员,下午便潜进了城里,这爆炸声八成就是他们弄的,他在心里吁了口气,盼望着这爆炸能将李志远炸成碎片。

午夜时分,大虎他们安然无恙地回来了,李志成松了口气。可看到大家的表情,分明既开心又难受,不由诧异不已。一问,小虎哽咽着说的话,把他震得愣了:“是二叔,是二叔炸的鬼子……”

“是他?是他?”李志成不敢相信。大虎点点头沉痛地说:“今晚来看花炮的有个鬼子司令,鬼子防备得很严,校场根本进不去。我们只好远远望着,想逮机会下手。二叔,二叔又放了那龙,可那龙还没升空便窜进鬼子司令的看台爆炸了。我们不等鬼子戒严,乘着乱出了城……”

回想起李志远说的“这么些年,我简直没活出个人样。现在我得逮着机会,活得像人。”一刹那间,李志成明白了,李志远肯定明白凭自己的性格,定会和鬼子拼个鱼死网破,那样不管成与不成都会搭上好几条性命。于是出来比赛,既要让自己看看他制花炮的本事,又借机赶他们出浏阳。他肯定早存下了与鬼子同归于尽的决心,怕牵连他们啊。“二弟,你才是真正的花炮王啊!”这么默默念叨着,脸上已是老泪横流了。

绝猎百丈岭

川西百丈岭，山高林密，野猪屡屡伤人，古稀猎人重新出山，一头扎进了森林。一边是暮年壮心的老“猎王”，一边是凶狠狡猾的“野猪王”，这场惊心动魄的绝猎，只有森林作证！

这年春末，川西北某县龙门乡派出所的王军接到一个任务，配合“猎王”鲁七，进山猎野猪。

按理说，野猪是国家二级保护动物，不应该猎杀。这个县全境森林覆盖率达80%，生活着大熊猫、野猪、熊、野牛、黄羊等动物，早就划成了禁猎区。可自去年冬天以来，龙门乡一带被野猪袭击的人已经有十一个了，有两人还死在了医院。于是县里决定，要猎杀那几头凶性大发的野猪！

王军当过七年武警，而且枪法很好。接到这个任务，王军兴奋得不行，能够到大森林里真刀真枪地捕猎野兽，肯定新鲜又刺激。他收拾好行李，兴冲冲地出发了……

1. 猎王鲁七

鲁七出身于猎户世家，自从政府禁猎后，他一直担任百丈岭一带的护林员。王军到的时候，鲁七已经带着两个四十岁左右的汉子等在岭下了。那鲁七六十来岁，个儿不高，黑黑瘦瘦的，右边脸颊深陷，只剩层肉皮。王军知道，那是长期使用长铳，因为后坐力，铳托摩擦造成的。这会儿，鲁七肩扛着长铳，穿着不合身的迷彩服，脚蹬一双黄胶鞋，裤脚用布条一圈圈扎紧，身旁蹲坐着一黄一麻两条猎狗。那两个汉子装束也和他差不多，身旁都跟着条猎狗。

打过招呼，王军便急着要动身。鲁七却指着王军背的大背包，说："这里面都装的啥？""帐篷、睡袋。"鲁七一眯眼，笑了："你这同志，咱不是去旅游，这些东西不用带，带了反倒累赘。"王军本想争辩，可想到出发前，所长反复交代过：鲁七是这森林里出了名的猎王，啥事都得依他。王军只得不太情愿地将背包留下，出发了。

一路上，王军走在鲁七身后，不住地打量他那支长铳，心里纳闷得不行，忍不住问道："大爷，你就用这铳打猎？咋准星也没有？"

走在王军身后的是鲁七的徒弟大虎，他笑着说："当年咱师傅用这支铳打猎时，队里得派十来个壮劳力跟着，才抬得走打下的野物呢。准星嘛，全在心里装着。"

王军不太相信，又问："可是这种长铳，打一发后又得重新填引药、装钢珠，好慢啊。"他拍了拍自己肩上的自动步枪，觉得鲁七他们的装备真是太落伍了。鲁七的儿子鲁龙闷声接上话头："咱爹填引药装钢珠，只要五秒钟。"

说话间，四人翻过百丈岭，入眼便是莽莽苍苍的大森林，一直延伸到天边。风从树梢上吹过，树林像汹涌的波浪般发出哗啦啦的声响。眼前有好几条掩在杂草中的小路，大家停下脚步，全都齐刷刷看着鲁七，等他发话。

鲁七爬上一块巨石，拧着眉头望了好一阵后，用右手食指蘸了些唾沫，然后笔直地竖在眼前，一边慢慢移动手指，一边抽动鼻子，大口大口吸气。好一阵工夫，他才跳下来，指着向左那条山道说从这儿进。

王军不明白那是做什么,便悄悄扯住大虎打听。大虎说师傅是在测风向,嗅气味呢。各种野物的气味不一样,特别是大野物,只要顺着风口,有经验的猎人凭着灵敏的鼻子,就能辨别路上有些啥野物。

看看干巴瘦小的鲁七,王军将信将疑。他悄悄用力吸了几口气,明明只有浓郁潮湿的树叶气息嘛。

2. 白毛猪王

走了两三个小时,几个人已渐渐进入森林。越往里走,王军就越紧张,不停地提着枪带。大虎见状说笑开了:“王同志,还早着呢。如果运气好,一两天能堵住它;运气差的话,十天半月连猪毛也找不着一根。”

王军有些失望。他还以为,上山用不了多久,就能跟野猪短兵相接呢。大虎说,野物前些年被打怕了,现在贼精,闻到人的气息老远就避开了。“可它们为什么敢袭击人?”“因为去年冬天雪下得厉害,野猪本来吃草,可饿急了就会吃其他动物,吃过肉沾过血,凶性就出来了。况且,那猪可是猪王,凶性就更大了。”“猪王?”王军有些莫名其妙。

“哈,你没听受伤的人说那带头袭击人的野猪样子吗?”

王军只听说,带头的野猪身上长着白毛,差不多像牛一样壮实。但猪王一说,却从来没听过。

“森林里的野物,其实跟人一样,都有个首脑。咱们这八百里森林,那白毛野猪,便是野猪里的首脑,猪王。”

王军忍不住好奇地问:“你见过那猪王吗?”大虎摇了摇头,却朝鲁七努了努嘴。鲁七像背后生着眼睛,不等王军问,便自顾自地说道:“那猪王,我见过。”说着站住了,让大家都休息一会儿,自己坐在石头上,微闭着眼睛,讲开了……

自从担任护林员，我经常一个人进山巡林。三年前的初夏，我在山里转悠了一天，到了傍晚，找了处岩窟打算待一晚。山里的夜晚很冷，得拾些柴火燃着取暖。我正往前面空地里走，突然听到岩窟后的那片林子里传出嘶吼声。我轻手轻脚来到了那片林子，伏在树后往里一望，呀，那场面，真让人差点儿喘不上气来！

林子中间有一只足有两米来高的老熊，黑得发亮的皮毛上沾着不少血迹，肩胛处还在咕嘟咕嘟往外冒血。它正半蹲在地上张着血盆大口，不停地狂吼，用掌狂怒地刨着两边，不多一会儿，便刨出了两个坑来。隔着它一米多远，有一只门板样宽大壮实的野猪，斜坡样的长嘴低低地触在地上，白森森的獠牙直竖着，身上的箭毛全都钢针一样。平常的野猪都是棕黑色的箭毛，这野猪却怪，身上的毛黑一团白一团。

对峙了一会儿，老熊猛地站起来，撑开蒲扇一样的巴掌，"呼"地向野猪拍去。在山里打猎的谁都知道，一怕熊坐墩，二怕熊拍掌。那一巴掌，几百斤力呢。我的大徒弟就是被老熊一巴掌拍中，整个左肋到胸膛，全压成了一块。说时迟，那时快，白毛猪"呦"的一声怪叫，"呼"地蹿出来，向前直撞到老熊的腿上，老熊"轰"一声倒在地上，那一巴掌擦着猪尾巴拍在了地上。

老熊见捡不着便宜便不敢恋战，爬起来嗷嗷痛吼着，要往树林里蹿。按说吧，咱这森林里从来都有"一猪二熊三老虎"之说，熊在野猪面前虽然讨不了便宜，但野猪对熊一向也是穷寇莫追的。可那只白毛野猪却不肯善罢甘休。老熊才一转身，它又像飞蝗石一样弹了出去，狠狠撞在了老熊的后背上，尖尖的獠牙全撞进了老熊后背里。

我瞧得是惊心动魄。那白毛野猪撞死了老熊，回过头来用血红的眼珠子恶狠狠地盯着我藏身的树。我知道野猪是国家保护动物，可是它要攻击我的话，总不能眼睁睁等死吧，我端着长铳，只要它一冲过来，便搂它一火。可那白毛野猪像明白我的心思，知道我不会主动攻击，突然拧过身子，两只后脚在地上一阵猛刨，石子、泥块下雨般向我飞来，完全挡住了我的视线。它自己“呦呦”叫着跑远了。后来，我再也没见着这白毛野猪了。

3. 邪恶的野猪

鲁七的故事讲完了，王军瞪着眼睛，啧啧惊叹：“这野猪太聪明了！”大虎说：“野猪在大森林里，既要防备着人和其他猛兽，又得为生计奔忙，所以在咱们这里，野猪才是真正的‘森林之王’，所谓的‘百兽之王’老虎，只排在第三位呢。要不，我也给你讲个我亲历的故事吧？”这时候，鲁七吆喝大家继续赶路，大虎一边走，一边打开了话匣子……

十八年前，是我跟师傅的第七年，师傅说我可以单独当打匠了。我们这儿称打猎的人，都叫打匠、打枪客，也是匠人的一种。但临走的时候，师傅告诫我，说我心毒了些，如果不改，会出事的。你别笑，啥叫心毒？我一会儿讲你就明白了。我啊，差点儿因此赔上了条命呢。

那天，我一个人到了鹰嘴岭下。那时候，鹰嘴岭黄羊、麝鹿成群结队，轰一枪过去，好歹都能打下几头。当然，也是打匠们心毒了，现在鹰嘴岭黄羊、麝鹿再难得见一头了。唉，说远了，还是说野猪吧。

我上了鹰嘴岭，黄羊没见着，麝鹿没见着，先见着的，却是头野猪！那野猪皮包骨头，獠牙也断了，眼圈上生满了白屎，成群的苍蝇围着眼眶打转。我几乎不假思索，刷地便把枪铳顺了过来，对准那野猪的脑袋。俗话说，豹子打头虎打脸，野猪打横熊打眼。正经打野猪，得站在猪侧开枪，如果一枪不死，野猪受伤，凶性就上来了，拼着老命往前猛冲猛撞，那獠牙，碗口粗的树都能凿穿。咱们这儿的打匠，死在这一撞上的不知有多少。可当时形势所逼，只能面对面干上了。

我手里端着枪铳，心里却咚咚跳个不停。这林子里，野猪从来是三五成群的，好像咱们人，总是一家人拢在一起。真要猎野猪的话，打匠们从来也是几人一道，打的打，围的围。这皮包骨头的野猪我倒不怕，因为它站着时四只脚都得呈外八字，才支撑得住，老啦。但我怕附近还藏有其他野猪。正在我心神不宁时，那野猪前脚一软，扑地跪下了，眼珠子眨巴眨巴，像是在流泪。可我当时太紧张，见它一动，一枪就搂过去了。到底心慌手颤，一铳的钢珠铁砂，全擦着猪脊梁过去，打偏了。那猪"呦"的一声，猛地挣起来，我原本以为它会冲撞过来，赶紧侧身闪过，没想到那猪拧过头，转身就跑。我当时也真是鬼迷了心窍，不然师傅说我心毒呢。我一边往铳里填药，一边追了上去。我边追边装，十来步的时间，一铳药已经装好了。可我瞄了几次，却没法搂火。人老成精，这森林里的野猪老了，便成了妖了。那野猪好像明白我的心思，我站住脚瞄准，它就东一下西一下地跑，根本没法瞄准。我年少气盛，打定主意要灭了这妖怪，便一路紧撵。看看就追了七八里，来到棵大树下，那野猪突然不跑了，侧着头，一边砰砰撞树，一边呼呼喘气。我一看机会来了，一枪过去，打在猪头上。等我刚走到死猪身前，一头老熊从树洞里扑了出来。原来，这野猪成心拼了命，要拉上我同归于尽呢。它知道这树洞里藏着头老熊，便把我引来，先浪费了我的弹药，然后将赤手空拳的我，"送给"了老熊……

4. 真正的打匠

如果说鲁七的故事让王军听得惊心动魄，那大虎的故事，就让王军感到胆战心惊了。他连忙问："那，你是怎样才脱的身呢?"

大虎苦笑了一下，也不说话，解开迷彩服的扣子，露出胸膛。王军一看，差点儿惊呼出声。大虎的胸膛上没有乳头，也没有肌肉，就几道指头粗细的紫色疤痕，从左腋窝一直延伸到右胸。大虎扣上衣服，摇了摇头，叹息说：

“打那以后，我才算是明白，师傅为啥说咱心毒了。啥事啊，都不能做绝，咱打匠，更要如此。不然，要遭报应的。”

正说着，猎狗突然兴奋起来，冲到风口一齐狂吠。王军心里一惊，野猪出现了？

鲁七几步纵到风口上，朝前面灌木丛看了一会儿，摇了摇头，拍拍猎狗，止住它们的吠叫，说：“是野猪。但不是咱们要找的正主儿。别惊动它们，咱们继续走吧。”

王军也站到风口上，用力瞪大眼，却只看到树在山风里轻轻摇晃。大虎笑了：“王同志，你可不能跟师傅比。别看师傅已经六十有七了，那眼力，谁也比不上。”他一边走，一边又给王军讲开了。

在山里，要成为一个真正的打匠，得练眼、练手，最后才练准头。怎么练眼？夜里，在一百步远处点一支香。香里的签子，是山里最耐烧的青钢木，上面刻着痕迹，香燃过了，签子还有一线红。练的人眼不眨，身不动，得定眼看那香一直燃完。如果能够坚持到一支香燃完，而且报得出青钢木上刻的痕迹，眼力便基本练成了。而练手，却分两样。一是练定力，平端着十来斤重的长铳，铳口放个小酒杯，肩膀上放只碗，杯不倒，碗不斜，最少得坚持十来分钟才算合格。第二是练装药的速度，打匠们都是用鸟铳类的枪械，装弹药的速度可是性命攸关。装铳的弹药，远比往步枪里上子弹复杂。为啥呢？因为先得将枪筒里倒上火药，用通条压实后，再填上铁砂钢珠。铁砂钢珠填好了，还得在枪托前的引药槽里倒上引药。引药既不能多也不能少，多了会燃到自己的脸。少了呢，根本碰不燃。一扣扳机时，触针砸在引药上，引药燃了，才能将枪筒里的药点燃，让铁砂钢珠出膛！

见王军听得兴趣盎然，大虎指指鲁七，得意地说：“如果说看香，现在咱们这儿的打匠，能看一百步远的都少了。师傅却能看两百步，而且刻的痕子一个也不漏，全能报出来。至于手上功夫，他能在杯里碗里注上水，十来分钟不洒一滴呢。准头嘛,这么给你说吧。师傅六十大寿那夜,喝了些酒,又被大家撺掇着,露了一手。我们在二百步远的地方,每隔十步摆上三个酒瓶,酒瓶口插上点燃的蜡烛,等蜡烛燃完了,那瓶子便笼在夜色里了。师傅喝完三杯酒,端起长铳就射,'砰',一个瓶子碎了。又装弹药,再射,'砰',第二个瓶子也碎了,再装弹药,'砰',第三个瓶子也碎了。那全是凭脑瓜里的感觉呢。"

王军惊叹不已,不由对貌不惊人的鲁七生出由衷的敬畏。

5.初次交锋

一路说一路走,看着一天就过去了。他们在一处岩脚下找了块空地,围着火堆休息了一晚,第二天,取水浇灭了火头,又出发了。

走了两个多小时,健谈的大虎渐渐话少了,他把王军推到前面,自己走在了最后。走在队前的鲁七紧抿着嘴,眼里现出熠熠亮光,动作异常矫健,不停地在周围的地上扒来扒去。那几只猎狗也如临大敌般绷紧了脊梁,焦躁地呜呜叫着。王军看见,凡是鲁七扒拉过的地方,都有摊稀糊糊的粪便。

这样过了半个小时,鲁七在一丛灌木前蹲下,招手让大家过来。他指着面前一个小土堆说:"这八成是正主儿留下的。"说着折了根树枝,扒开土堆表层,腥膻气息一下飘出,那也是一摊粪便。扒开粪便,里面有无数块兽骨。王军凑上前去,低声问:"是白毛野猪留下的吧?"鲁七叹了口气,点了点头:"异人异相,异猪异行。玩这种掩盖行迹的'猫盖屎',不吃草,改吃兽的,也只有那白毛野猪了。看来,要不了多久,咱们便要较量一场了。"

几个人顺着灌木丛搜索,很快便发现前面湿地上有些杂乱的蹄印。鲁七用手指量过蹄印的宽度、深度,回过头说:"好家伙,一共是三头。最大那头应该是白毛猪,不下六百斤。另两头一头四百七八,一头三百出头。看来,是一家呢。”

大伙儿继续往前走,又发现了好几摊稀屎,而且愈来愈新鲜,鲁七探了探,说还有些热气。前面是一丛丛芭茅和马桑子,有新践踏过的痕迹。鲁七朝前凝望了一会儿,说前面半里是青衣溪。看来,野猪们过去不久,是去饮水了。

王军拔脚就要顺着痕迹追去。大虎一把扯住他,说:“这里顺着风向,只怕还没追到,猪嗅到人的气息,早跑了。得从背风处包抄过去。”

果然,鲁七回头来,安排王军跟他一道,从左侧林丘过去,大虎和鲁龙从右侧低洼过去。听到他的暗号了,便各自开枪射击。说完,鲁七撮着嘴,咕咕喳喳噜噜地发出几种鸟的叫声,说明各种声音代表的是什么意思。鲁七跟王军解释,这森林里的野物跟人周旋多年,已经懂得人话了。打匠们围猎野物时,全得用鸟叫作暗号。而且,如果这一次的“咕咕”声代表的是左边,那么下一次就一定不能再是左边了。野物们记着呢。

顺着林丘,王军和鲁七轻手轻脚往前潜行,猎狗们也经验老到,全都缩紧身子,尽量连草都不触动。不多一会儿,两人便潜到了青衣溪畔。这一带地势较平坦,青衣溪有好几丈宽,哗哗流淌着。溪两岸生长着密密麻麻的芭茅、黄荆、麻桑。很快,王军便看见了目标!

溪畔有一块芭茅黄荆被踏倒,那头壮硕的白毛野猪躺在倒伏的黄荆上,半眯着眼睛晒太阳。旁边还躺着一大一小两头猪。

王军趴在鲁七身旁,轻轻将自动步枪搁在土丘上,眯着眼睛,瞄上了那白毛猪,对面的大虎和鲁龙也打来了各就各位的暗号。正在这时,那头白毛猪懒洋洋地站了起来,嘴里哼哼几声,另两头猪也跟着站了起来。王军正纳闷呢,三头猪猛然间一齐蹿出,扑通扑通,全跳进了溪里。虽然是春末了,可天还冷着呢,难道它们要去洗澡?旁边鲁七叹息了一声:“这猪成精啦。嘿,潜水跑了。”果然,三头猪一跳进溪水里,就不见踪影了。

大虎鲁龙从草丛中站起来,失望地问鲁七怎么办。鲁七指指溪流,让他们顺着溪水往下追,自己和王军逆流而上。

6. 再次交锋

向上跑了百来步,是个山岩形成的转角,绕过转角,鲁七不再往前,他攀着岩石爬上去,示意王军跟上来,再从树后绕回去。王军大惑不解:“不追了吗?”鲁七压低声音说:“一般的野猪肯定顺着水流潜,聪明点儿的会逆着水流。这白毛猪,鬼着呢,肯定待在原地!”王军简直不敢相信,有这样的心思,那哪儿还是野猪,已经成人了。他还想问,鲁七做了个噤声的手势,王军只好把话咽回肚子里。

回到原来的埋伏地方,鲁七在茅草后伏下身子,王军也学着他藏起身。王军刚把枪放好,碧绿的溪水上突然“哗啦”一声响,那白毛野猪硕大的脑袋现了出来,它转动着眼珠子,在水面上晃来晃去,过了一会儿,又重新沉进水里。好一阵,水面平静得很,不见了猪的踪迹。难道又让它嗅出啥危险了?王军探询地看了眼鲁七,鲁七轻轻摇摇头,长铳在手里生了根一样,眼眨也不眨一下,死盯着水面。片刻之后,只听“哗啦啦”一阵水响,那三头野猪齐齐浮出水面,爬上了岸。另外两头野猪都忙着抖身上的水,白毛野猪却一动不动,抬着头狐疑地往四周看。鲁七轻轻勾了下头,“轰”的一声,长铳喷出一团火焰,白毛野猪肩胛处溅出血花,身子一歪,倒在了地上。与此同时,王军的枪也响了,那头最小的猪晃了一下,栽倒在地。不等再开枪,另一头猪一头扎进盛密的草丛,就这一眨眼的工夫,鲁七已填好了弹药,一铳轰过去,无数草茎夹着血飞起,那野猪痛吼一声,却并没倒下,三摇两晃跑进了更深的草丛。“打中了腚,它溜不了的。”鲁七一边填弹药一边说。

片刻间便解决了两头野猪,王军兴奋得不行,端着枪便往溪边冲,早已按捺不住的猎狗也欢吠着冲在前面。鲁七大惊:“别,有诈!”王军哪里相信。这工夫,猎狗已冲到白毛野猪身边,打头的那条狗一口咬向猪脖子。山里的猎狗全是训练有素的,一上来便要切断猎物的颈动脉。眼见犬齿都快触到颈皮了,原本一动不动的白毛猪突然将脑袋一摆,长长的獠牙一下划开了狗肚子,跟着一拧头,猎狗被挑出七八尺远,红红白白的肠子淌了一地。

见同伴的惨状,其他猎狗全红了眼,一起扑了上去,将野猪围在中央,咬它肚腹,啃它后腚。那白毛野猪呼地站起来,獠牙左右乱挑乱凿,抵挡着正面攻击的猎狗,而任由另一条猎狗扯它的后腚,同时不停地往草丛里退。王军几次端枪欲射,可又怕误伤了猎狗。鲁七连声唿哨,想唤回猎狗,猎狗却已被激起了斗志,全都毫不放松。片刻间,双方撕扯着,进了草丛。鲁七举了几次铳,全都无奈地放下了。看看猎狗和野猪往草丛深处去了,鲁七叹息一声:“又让它溜了。”“咱们不追吗?”“草丛里视野不开阔,追上了也没用。”

王军宽慰道:“不是有猎狗吗,它又受了伤。”鲁七摇头说:“野猪皮老糙,铠甲一样。猎狗哪是它的对手,那是它故意招惹上去,扰乱我们视线的。还好,要是你先近它身,那后果就严重了。”想想刚才那情景,王军后怕不已,忍不住擦了把冷汗,不过,看着地上那头被自己击毙的野猪,心里还是有些得意。

不一会儿,三条伤痕累累的猎狗夹着尾巴,灰溜溜地回来了。跟着,大虎和鲁龙也回来了,并告诉鲁七,他们堵住了那头先逃的猪,已经射杀了它。鲁七吁了口气:“好啦,现在只剩这白毛野猪了。它受了伤,循着血迹追吧。”

7.最后决战

那白毛野猪看来受伤不轻,顺着溪流,一路上都有血。走了差不多一里,血迹却不见了。鲁七看看河对岸,又向下游看了看,说:“嘿,这野物给咱们摆迷魂阵呢。”他回过头来问大家，“依你们看，那野物是过溪了，还是向下游泅了？”

王军看了看对岸，自信地说：“肯定是上了对岸。这溪几丈宽，水又深又凉，咱们要过去得费好些工夫，这样它才有充足的时间逃呢。”

大虎却说：“对岸以前让森工队伐过多年，全是些嫩树，不好藏。我看，它是往下游去了。”鲁七赞许地点了点头。带着大家仍往下游追，又行了半里，血迹果然又出现了，径直朝向了溪畔的大林莽。

愈往深处走，林木愈茂盛，遮天蔽日，渐渐地阳光全被挡在了林梢，往前的路都暗了下来。鲁七的眉头又锁紧了，因为那血迹渐渐出现了异样：前一段路的血迹星星点点，却没有断过；但现在，血迹断断续续，忽有忽无。细一瞅，原来白毛野猪不仅在绕路，而且用浮土树叶掩上了大多数血迹。鲁七吩咐大家紧跟在他身后。“这东西在玩花样呢，小心着点儿。”

又追了一会儿，血迹已经看不见了，前面路上到处都是半尺厚的浮叶。十来步远的一棵树后，发出野猪艰难的哼哼声，王军一喜，几步抢上前去。没想到鲁七一把扯住他的衣领，猛地往后一拖，“哗”的一声，王军只觉得脚下一空，浮叶枯土刹那间全沉了下去，自己脚下现出个黑窟窿。王军凑上去一看，脊梁上“嗖嗖”直冒冷汗，那是个一两丈深的陷阱，井底密密麻麻立着磨得尖尖的钢筋和铁钎，自己真要跌了下去，十条命也没了。“这野物阴着呢。”鲁七领着大家，绕过陷阱，继续往前追。

白毛野猪大概知道算计落空，恼怒地嗷嗷叫着，撒开蹄子又逃了起来。追了两三个小时，那猪始终把人甩在身后。

渐渐地，四人走进了一条深长的峡谷。峡谷里巨树参天，古藤盘结，峡谷顶上落下一线天光，漏到人身上都是凉森森的。到处可见野物的森森白骨，散发出难闻的气息。白毛野猪出现在了大家的视野里，它的生命大概已经到了尽头，走得东摇西晃，偶尔抬头发出凄厉短促的怪啸。鲁七抬头看看天，又往前面看看，突然大吼一声："快，退出峡谷！"说着扯住王军的衣袖，转身就往峡谷口跑。王军莫名其妙，难道峡谷里还有其他猛兽？看看大虎和鲁龙，也是脸色大变，飞身往峡谷口子奔。

好在大家进入峡谷并不太深，很快便逃了出去。鲁七把大家领到一个避风处，胆战心惊地说："瘴气。那野物要把我们带进瘴气里，跟它陪葬啊！"王军大吃一惊，他早听说，大森林里有厉害无比的瘴气，碰到的山民都没活着出来过。就这工夫，峡谷里的白毛野猪发出凄厉苍凉的啸叫，跟着，峡谷里像有千万根巨木从山顶滚落，轰轰之声震得地皮簌簌发抖。狂风尖啸，先是草皮、小鸟、石子被卷出了谷，跟着大团大团的黑雾喷射出来，几百斤重的石头像出膛的炮弹向前激射，把树都打断了，然后被连根拔起的树翻滚着横扫出谷，将阻挡去路的一切抛向远处。到最后，那头白毛野猪也从峡谷中被抛出来……

瘴气肆虐了近半个小时才停了下来，峡谷口这一大片森林，只剩一片狼藉。虽然躲在避风处，可这惊心动魄的场面还是令大家脸青唇紫，猎狗耷拉着脑袋紧夹尾巴，呜呜哀叫。猪患除去了，大家并不轻松，不约而同地举起枪铳，朝阴暗的天穹扣动了扳机，砰砰砰……一共七响。那是打匠们敬奉森林之神的特有礼仪！